가락재 단상

가락재 단상

2021년 12월 4일 초판 1쇄 펴냄

지은이 정광일
편집 박은경
펴낸이 신길순

펴낸곳 (주)도서출판 삼인
전화 02-322-1845
팩스 02-322-1846
이메일 saminbooks@naver.com
등록 1996년 9월 16일 제25100-2012-000046호
주소 (03716) 서울시 서대문구 성산로 312 북산빌딩 1층

표지 디자인 정나은
본문 디자인 끄레디자인
인쇄 수이북스
제책 은정

ISBN 978-89-6436-210-5 03230

값 15,000원

가락재 단상

정광일

삼인

가락재 30주년을 맞으며

올해는 제가 몸담은 '가락재 영성원'이 30년을 맞는 해입니다. 1991년 12월 3일 가평군 설악면 위곡리 128번지를 매입하여 첫발을 내디뎠습니다. '가락재' 는 오래전부터 마을 주민들이 불러왔던 옛 이름입니다. 여기에 '영성원'이란 이름을 붙였습니다. 농사짓는 경운기가 겨우 다니던 길을 넓히기 위해서 마을 사람들을 찾아다니며 어렵사리 허락을 받았습니다. 지금은 어림도 없는 일이지만 그때는 이웃 사이의 정이 꽤 있었습니다. 우리 가족이 일 년이 넘어가면서 마을 사람으로 인정받았다는 뿌듯함이 있었습니다. 평소 흙과 돌들이 나뒹굴고 여름철에는 빗물로 넘치고 겨울 지나 땅이 녹을 때면 여기저기 움푹 패어, 사람이든 자동차든 다니기 너무 어려운 길이었습니다. 몇 년 만에 시멘트를 겨우 덮고 또 몇 년이 지난 뒤 아스팔트로 포장했는데 그 기간이 꼬박 15년이 걸렸습니다.

1992년에는 안채 30평을 짓고, 1997년에는 코이노니아의 집 90평을 짓고, 2005년에는 사랑채 90평을 지었습니다. 2011년에 들어와서 안채 위에 두 개의 방(수국, 익투스)을 올렸고, 지금은 숲속 빈터에 '에레모스' 기도의 집이 지어지고 있습니다. 물론 여기에 살면서 집만 지은 것은 아닙니다. 집이 생기니 사람들이 찾아와 그들과 여러 모임을 가졌습니다. 성경공부, 독서토론, 신학 심포지움, 기도훈련, 영성수련 등이 그것이었습니다.

'가락재 단상'이라고 부른 이 책은 지난 30년을 회고하고 기념하는 뜻에서 내어놓게 되었습니다. 책 출판은 올 12월 4일로 계획된 '30주년 기념 감사예배'에 맞추어졌습니다. 사계절을 서른 번째로 보내는 감사와 '에레모스' 기도의 집완공 감사에 더 큰 의미가 담겨 있습니다. 목사로서 37년과 원장으로서 30년, 이제 그 자리를 은퇴와 함께 내어놓으려 합니다. 은퇴란 맡은 바 직책에서 손을 떼고 물러나서 한가로이 지낸다는 말이라고 합니다. 이제부터 손을 떼는 훈련, 물러나는 수련, 그리고 한가로이 지내는 연습을 잘해야 하겠습니다. 진정한 영성수련은 이제부터가 아닌가 합니다.

지난여름 발간된 『말씀 단상』이 쉼-숨-섬의 틀 안에서 이루어졌다면 이번에 펴내는 『가락재 단상』은 봄-여름-가을-겨울의 구도에 담겼습니다. 이번 글은 자연을 벗삼아 자연과 더불어 드는 짧은 생각을 사진과 함께 실었습니다. '단상'이란 길지 않은 짧은 글이기는 하지만, 사실은 길게 늘어지는 생각을 끊고 나름대로 정리하겠다는 뜻을 포함합니다. 그래서 '短想'이 아니고 '斷想'입니다. 매듭짓고 끊고 결단하겠다는 나름의 단호함, 그런 '단斷'인 거지요. 어쩌면 자연이 바로 그러합니다. 봄에 새싹으로 툭 불거져 나오고, 여름에는 쭈욱 뻗어가고, 가을이면 뚝 떨어지고, 겨울에는 씨앗으로 단단히 움츠러드는 그런 결의의 과정 말입니다. 그래서 모든 살아 있는 것에는 결과結果가 있게 마련입니다. 씨앗이 있고 열매가 있고 또 그 열매는 씨앗이 되는 것이지요. 그래서 자연은 결코 죽지 않고 살아갑니다. 살기 위해서 죽고 또 죽기 위해서 살기도 합니다. 자연은 늘 그렇게 죽고 살고 하면서 저 나름의 생명을 이어가고 있습니다. 가락재도 그러하겠지요.

이번에도 여러 고마운 분들 덕택에 책을 낼 수 있었습니다. 사랑의 빚을 진 고마운 분들입니다. 출판사 삼인을 대표하는 신길순 님, 실무책임을 맡은 홍승권 님, 편집자 박은경 님, 가락재의 김요한 님, 정나은 님······.

끝으로, 30년 아니 40여 년의 세월을 하루같이 곁에서 지켜준 영성의 길 동반자, 사랑하는 아내 설 님에게 이 책을 선물로 건네고 싶습니다. 아울러 이 글을 읽는 독자들에게도 작은 선물이 되었으면 좋겠습니다.

설악면에서 첫눈을 기다리며
視山 정광일

차례

가을

겨울

봄

봄이 있기에

유다 족속 중에서 피하고 남은 자는 다시 아래로 뿌리를 내리고 위로 열매
를 맺을지라.

열왕기하 19:30

겨울이 봄을 낳는다.
십자가가 부활을 낳듯이

대지가 갈라져 생명이 터지고
흙덩이는 하얀 속살을 드러낸다.
속살이 생명이고 생명이 부활이다.

봄은 여름을 낳고
여름은 가을을 낳고
가을은 또 겨울을 낳는다.

봄이 있기에 계절이 있고
창조가 있고
또 재창조가 있다.

나무는 물을 빨아들이고
나-는 봄을 빨아들인다.

봄이 있기에
존재가 존재하며
뿌리가 형상화된다.

봄은 물소리입니다

또 내가 들으니 허다한 무리의 음성과도 같고 많은 물소리와도 같고 […].
요한계시록 19:6

2월 초순의 날, 계절로는 아직 겨울입니다. 산에는 엊그제 내린 눈이 쌓여 있는데 오늘 밤과 내일 아침까지 눈이 또 한두 차례 내린다는 예보입니다. 그래도 무언가 따스해진 햇살에 이끌리어 밖으로 나가 개울가를 걸어봅니다. 개울 또한 한겨울을 지내며 두껍게 얼어붙은 채로 여전히 그 위력을 과시하고 있습니다.

문득 생각 밖의 물소리에 발길을 멈추고 귀를 기울여봅니다. 얼음장 밑으로 흐르는 소리, 봄의 소리입니다. 그러고 보니 입춘이 지났군요.

봄에는 무엇인가 보이는 것이 있어 '봄'이라고 하는데, 아직 보이는 것은 없더라도 봄을 들으며 봄을 느끼면서 봄 생각을 해봅니다. 봄의 들음은 물소리이며, 봄의 느낌은 따스함이며, 봄의 생각은 새로움입니다. 고여 있던 물이 흘러 물소리이고, 태양이 조금 가깝게 다가와 따스함이고, 다시 한번 시작할 수 있어 새로움입니다. 흐르고 다가오고 새로 시작할 수 있도록 해주어 고맙군요.

내 안에도 그동안 굳어 있던 것들이 녹아 흐르고 주위의 이웃들에게 다가가서 그들이 다시 한번 일어서는 데 도움이 될 수 있으면 좋겠다는 마음 다짐을 해봅니다. 그렇게 해보는 게 봄인가요. 그렇게 해봄. 그래 해봄, 해와 봄입니다.

창 안의 봄

하나님이여 내 속에 정한 마음을 창조하시고 내 안에 정직한 영을 새롭게 하
소서.

시편 51:10

사랑채 2층 거실은 겨울이 지나도록 난방의 혜택을 별로 누리지 못했습니다. 사람들이 이곳을 사용하지 않아서였습니다. 그래도 다른 공간에 비해서는 비교적 온기가 있어 화분을 이곳으로 모아두었습니다. 추위에 약한 꽃은 살아남지 못하지만 그런대로 추위를 잘 이겨낸 녀석이 있습니다. 그 가운데 돋보이는 것이 '만리향'이란 꽃입니다. 꽃향기가 천 리를 넘어 만 리에까지 이른다고 하여 붙여진 이름인데요, 겨울 내내 살아 있을 뿐 아니라 벌써 새순을 한 뼘만치 키우며 자라나고 있습니다.

창밖은 간밤의 짓궂은 날씨에 눈과 얼음이 뒤범벅되어 시샘으로 가득하지만, 창 안은 봄의 기운이 조금씩 스며들고 있습니다. 봄이 와도 봄 같지 않다고 투덜대는 사람이 있고, 바깥의 봄기운이 완연해야 비로소 봄을 느끼는 사람도 있을 터이지만, 쌀쌀한 겨울 날씨에 찬바람 쌩쌩 불어도 마음의 창 안에서 이미 봄을 간직하고 있는 사람도 있을 겁니다.

지난겨울의 동장군 위력은 그야말로 대단했습니다. 그럼에도 봄은 이렇게 또 저렇게 다가오고 있지요. 겨울이 지나감으로 봄이 온다고 말할 수 있지만 봄이 옴으로 겨울이 지나간다고 말하고 싶습니다. 겨울 한복판에서 봄을 기다리고, 동장군과 맞서서 봄바람을 일으키는 사람들이 있습니다. 창문 밖은 여전히 눈보라 휘몰아치지만 창 안의 봄을 간직하는 사람들이 있어서 역사는 그래도 이만큼 이어져오는 것이지요. 독립의 봄, 산업화의 봄, 민주화의 봄, 통일의 봄도 이렇게 가능하리라 생각합니다. 지금도 추위와 절망과 어두움 속에서 '하나님 나라'의 봄을 마음 안에 간직하고 살아가는 사람들이 있을 것입니다. 이런 마음으로 삼일절을 맞으며 태극기를 문밖에 걸어봅니다.

얼음이 녹으면

그리고 나는 많은 물소리와도 같고 요란한 천둥소리와도 같은 소리가 하늘
에서 나는 것을 들었습니다. 그리고 내가 들은 소리는 거문고 타는 사람들이
그들의 거문고를 타는 소리와 같았습니다.

요한계시록 14:2

지난해 겨울은 참으로 힘들었습니다. 11월부터 내린 눈으로 시작한 추위는 산과 들, 지붕과 길, 봉우리와 골짜기 등 사람 사는 살림살이 주위를 온통 얼어붙게 하였습니다. '삼한사온'이라는 말의 실종과 함께 눈이 온 다음 날은 따스하리라는 기대도 옛 추억거리가 되었습니다. 수은주 영하 25도를 오르내리는 혹독한 날씨는 평생 처음 겪는 추위였습니다. 가락재의 안채와 사랑채 그리고 코이노니아의 집을 이런 추위로부터 지켜내는 일에 모든 것을 걸어야 하는 나날이 계속되었습니다. 평소 '개혁과 진보'의 가치를 내세우며 살던 내가 철저한 '보수주의자'가 되어야 했습니다. '보수補修'는 '보수保守'이기도 하니까요.

얼어붙었던 흙길이 햇살에 녹으며 질척거리는 그 위를 자동차가 지나다니다 보니 금세 엉망이 되었습니다. 푹푹 들어간 바큇자국을 돌로 메꾸려 개울로 내려가는데 익숙지 않은 소리가 들려옵니다. 그 소리를 따라갔다가 나를 화들짝 놀라게 한 바로 그 장면입니다. 곧 '봄의 소리, 봄의 왈츠'입니다. 그 물방울들이 언제 어떻게 모여들었는지 신기하기만 합니다. 힘찬 가락에 아름다운 뜻이 실려 들려옵니다. '겨울이 가고 있어요, 아니, 갔어요. 봄이 오고 있어요, 아니, 왔어요!' 그동안 봄에 대한 궁금했던 '시제時制' 문제가 이렇게 단번에 해결될 줄이야!

문득 요한계시록의 말씀이 떠올랐습니다. 계시록에 담긴 종말론적 신앙이란 겁주고 공포심에 떨게 하여 특정 집단으로 끌어들이려는 수단이 아닙니다. 오히려 '새 하늘과 새 땅'을 바라보게 하는 희망의 속삭임이지요. 봄이 왔다는 겁니다. 겨울이 지나갔다는 겁니다. 이렇게 내뿜는 소리, 물소리는 땅의 소리이지만 실로 '하늘에서 나는 소리'였습니다.

아 죽지 않고 살아 있었구나!

무릇 하나님께로부터 난 자마다 세상을 이기느니라. 세상을 이기는 승리는
이것이니 우리의 믿음이니라.

요한일서 5:4

풀은 마르고 꽃은 떨어짐이 당연한 이치인데, 그런 풀인데도 그 푸른 잎을 그대로 간직한 채로 엄동설한을 잘 견뎌내고 이렇게 자랑스럽게 봄 햇살을 즐기고 있습니다. 맥문동麥門冬, 뿌리가 보리와 비슷하고 잎은 차조와 비슷하며 겨울에 얼어 죽지 않고 살아남기 때문에 불사초不死草라고도 한답니다. 재작년에 이환영 화백으로부터 받아 언덕에 심었는데 또 한 번의 겨울을 잘 이겨냈네요. 이른바 '조와 사건'으로 알려진 이야기가 문득 떠오릅니다.

「부활의 춘春」, 「조와弔蛙」라는 김교신 선생의 글이 있었지요. 1942년 《성서조선》 3월호에 실린 권두언인데 이 글 때문에 월간지는 폐간되고 글쓴이를 비롯하여 열여덟 명이 서대문형무소에서 옥고를 치르게 되었지요. 죽은 개구리를 조문한다는 내용인데 추운 겨울에도 죽지 않고 살아남은 몇 마리의 개구리에 대한 글입니다. "짐작건대 지난겨울의 비상한 혹한에 작은 담수의 밑바닥까지 얼어서 이 참사가 생긴 모양이다. 예년에는 얼지 않았던 데까지 얼어붙은 까닭인 듯. 동사한 개구리 시체를 모아 매장하여주고 보니, 담저潭底에 아직 두어 마리 기어 다닌다. 아 전멸은 면했나 보다!"

3월이 되어 따스한 봄 햇살을 느끼면서 산언덕과 개울을 다니면 나도 모르게 이런 탄성이 나옵니다. "아 죽지 않고 살아 있었구나!" 여기에도 살아 있고 저기에도 살아 있어요. 얼었던 물도 살아 흐르고 나뭇가지 끝도 살아 움직여요. 죽지 않고 살아 있는 것들이 내 안에서도 꿈틀거리고요. 겨울을 이기고 살아남은 모든 생명들에게 박수를 보냅니다.

봄은 하나님의 손결입니다

환난은 인내력을 낳고, 인내력은 단련된 인격을 낳고, 단련된 인격은 희망을
낳는 줄을 알고 있기 때문입니다.

로마서 5:3-4

올겨울도 참 추웠습니다. 눈도 제법 많이 왔고요. 더구나 전염균의 득세로 우리의 몸과 마음이 움츠러들 수밖에 없었습니다. 20세기를 넘어 21세기를 맞으면서 이런 일은 처음 겪는 세계적 재앙입니다. 사실 문명사는 사람들이 자연과 맞서 싸워 이겨 결국에는 자연을 지배하는 인간 승리의 과정이었습니다. 이러한 싸움을 앞서서 잘 해낸 나라는 이른바 선진국이 되고 그렇지 못한 나라는 후진국이라는 꼬리표를 달고 다녔지요. 사람이 자연을 상대로 이른바 한껏 갑질해온 결과를 이제 목도하게 된 겁니다.

위축의 계절, 쪼그라들기도 하면서 보내는 것이 겨울나기입니다. 그런 겨울이 우리 인생에도 필요합니다. 추위 때문이든 어둠 때문이든 또는 실패의 경험과 좌절의 상태이든 말입니다. 사람이란 때로 불면에 시달리고 우울증에 빠지며 공황증세를 겪기도 하면서, 그 가운데서 어떤 새로운 생명의 기운을 기대하게 되고 또 기다리게도 되는 게지요. 그래서 고뇌의 때, 고난의 시간, 인고의 세월, 역경의 상황은 새로운 삶, 곧 영생을 잉태하는 밑거름이 된다고들 말하는 것이지요.

겨우내 움츠렸던 아래층 제라늄이 어느 날 불그스레 속살을 드러내고 있었습니다. 하얀 솜털을 이불 삼아 얼지 않고 냉기를 잘 이겨낸 것입니다. 사실이 꽃은 추위를 많이 타는 식물로 영하권에만 떨어져도 쉽사리 얼어버립니다. 올겨울 이 꽃 하나를 위해 2층 거실의 온도를 높이려고 보일러를 돌릴 수는 없었습니다. 그런데도 잘 견뎌낸 겁니다. 그리고 이제야 이 녀석이 봄이 온 것을 알고는 수줍은 얼굴로 부스스 막 잠깬 얼굴을 내미는 겁니다. 그래요. 봄이 오고 있습니다. 누가 오라 하지 않아도 봄은 제때를 알고 이렇게 다가오고 있습니다. 하나님의 따뜻한 손결처럼 말입니다.

뿌리가 거룩하면

뿌리가 거룩한즉 가지도 그러하니라. […] 네가 뿌리를 보전하는 것이 아니요, 뿌리가 너를 보전하는 것이니라.

로마서 11:16, 18

뒷산을 오르노라면 등성이 여기저기에 뽑힌 나무뿌리가 보입니다. 여름에는 주위 나무들의 푸르름으로, 겨울에는 덮인 눈으로 잘 보이지 않았는데 이제는 더 이상 가려줄 것 없어 벌거벗은 모습을 있는 그대로 드러내고 있습니다. 수십 년을 잘 자라온 나무들이 이렇게 단번에 잘려나가다니 마음 아프기도 하지만 나무뿌리는 우리의 삶과 죽음을 다시 한번 생각하게 합니다.

죽음으로 모든 것을 드러내는 것은 나무만은 아닐 겁니다. 사람도 마찬가지입니다. 살아 있을 때는 감추어 있던 것들도 결국에는 죽음으로 다 드러나게 마련이지요. 좋은 것은 좋은 대로, 나쁜 것은 나쁜 대로, 잘한 일은 잘한 대로, 못한 일은 못한 대로 말입니다. 그 모두가 낱낱이 드러날 것입니다. 이 뿌리처럼!

언젠가 보여질 나의 뿌리는 어떤 모습일까 생각해봅니다. 그것은 그동안 내가 우선순위로 살아왔던 가치관이며, 의지하며 기대왔던 핵일 것입니다. 지금 북한이 '핵'을 뿌리 삼아 지탱하려 하듯이 우리 각자도 자신을 지탱해줄 그 무엇을 뿌리 삼아 살아온 것입니다. 그동안 내 삶의 근본 뿌리는 무엇이었나? 진실한 마음으로 묻게 됩니다. 다른 그 무엇 아닌 '영혼'을 그 뿌리로 삼고 살아온 사람들은 복될 것입니다!

미나리와 할머니

그러므로 너희가 동방에서 여호와를 영화롭게 하며 바다 모든 섬에서 이스
라엘의 하나님 여호와의 이름을 영화롭게 할 것이라.
이사야 24:15

지난해 작품상과 함께 아카데미 4관왕을 휩쓴 영화 〈기생충〉에 이어 〈미나리〉가 세계 영화계를 또 한 번 놀라게 하고 있습니다. 그동안 받은 상이 70개에 이른다고 하네요. 이제는 4월 말에 있을 오스카상을 기다리고 있다고 합니다. 지난주 영화를 본 소감으로는 독립영화나 다큐멘터리에 가까운 듯하여, 영화 전문가들에게는 호평을 받고 있으나 일반 대중들에게 얼마나 인기가 있을지 궁금합니다. 이런 영화도 대중들에게 호응을 얻었으면 좋겠습니다. 전형적인 한국의 할머니와 미국에서 자란 손주 사이의 거리는 쉽게 좁혀질 수 없지요. 부부 사이의 의견 차이와 감정 충돌도 쉽지 않은 문제이고요. 한 집안의 작은 가정사가 보편성을 획득하여 세계적으로 공감을 불러일으키는 것을 보면, 개인이나 가정이나 민족 그리고 문화와 전통과 가치와 종교가 다르다 해도 그 저변에 흐르는 공통분모는 역시 인문학적 성찰이 아닌가 합니다.

저도 이 영화를 보면서 제 어린 시절의 친할머니와 외할머니가 떠올랐습니다. 친할머니는 초등학교 2학년 때 돌아가셨는데 망우리 묘원에 모셔졌다가 몇 년 전 이곳 가락재의 살구나무 아래로 옮겼습니다. 외할머니는 구순의 나이로 장수하셨는데 우리 가족이 유럽에 있을 때 작고하셨습니다. 이 두 분의 할머니는 내가 사랑받는 존재라는 사실을 가장 먼저 알게 해주신 분입니다. 나는 할아버지를 뵌 적이 없기 때문에 하나님의 사랑은 바로 할머니의 사랑 같은 것이겠구나 하며 자라났습니다.

나이 든 할머니가 실패와 좌절 속에 빠져 있는 한 가정에게 희망이 되고, 한국산 미나리가 미국 땅의 희망이 된다는 메시지는 언뜻 납득이 가지 않는 이야기입니다. 왜냐하면 우리는 젊은이가 어른의 희망이고, 미국이 한국의 꿈이라는 말에 익숙해져 있기 때문이지요. 그러나 이런 역설이 때때로 더욱 강력한 희망의 메시지로 다가옵니다.

정의를 심어 사랑의 열매를

유다는 밭을 갈게 하고 야곱은 써레질을 하게 하겠다. 내가 일렀다. '정의를 심어 사랑의 열매를 거두어라.'

호세아 10:12

봄이 우리 곁으로 다가왔음을 느끼게 하는 것들이 몇 가지 있습니다. 따사로운 햇살 덕에 단단한 얼음덩이가 물이 되어 흐르기 시작합니다. 나뭇가지 끝의 꽃망울이 노란 색깔로 터져 나옵니다. 겨우내 굳어 있던 땅이 보드라운 흙으로 바뀝니다. 봄 햇살을 받아 따뜻하기도 한 이 흙은 농부의 손에 들린 '씨앗'을 기다리고 있습니다. 이 땅에 무엇을 심느냐에 따라 그 결과가 달라질 것입니다. 하늘은 누구에게나 똑같이 햇빛과 비를 내려주지만 열매 맺는 결과는 우리가 무엇을 심느냐에 달려 있습니다. 콩을 심을까 아니면 팥을 심을까 하는 봄철의 판단으로 가을의 추수가 결정되기 때문입니다. 이러한 판단과 그에 따른 노력은 우리 인생살이가 어떠한가를 그대로 보여줍니다.

'순간의 선택이 십 년을 좌우한다.' 오래전 어느 광고 카피로 좋은 인상을 남긴 말입니다. 한 해를 좌우하는 선택이 있고, 10년을 좌우하는 선택이 있으며, 평생을 좌우하는 선택이 있습니다. 선택이 중요한 것은 사실이지만 이에 못지않게 그 선택한 것을 심고 가꾸고 키우는 노력이 간과되어서는 안 되지요. 한 해를 좌우한다면 한 해라는 기간의 의미가 있는 것이고, 십 년을 좌우한다면 십 년이라는 기간의 의미가 있으며, 평생을 좌우한다면 평생이라는 기간의 의미가 있다고 봅니다. 그동안의 노력도 노력이지만 그 기간을 기다리고 인내할 줄 알아야 한다는 말이기도 합니다.

콩이나 팥을 심었다면 한 해를 기다리면 되지만, 과일나무를 심었다면 5~6년을 기다려야 하고, 은행나무를 심었다면 그 열매를 위해서 적어도 15년을 기다려야 할 것입니다. 선택과 노력과 기다림, 이 세 가지가 연합하여 하나의 결과물을 얻게 됩니다. 그래도 요즘 같은 봄철이면 무엇을 심을 것이냐, 이것이 무엇보다 중요하겠지요.

십자가와 거름 되기

내가 진실로 진실로 너희에게 이르노니 한 알의 밀이 땅에 떨어져 죽지 아니
하면 한 알 그대로 있고 죽으면 많은 열매를 맺느니라.

요한복음 12:24

이곳이 영성원인지라 여러 사람들이 머물면서 자고 먹고 쉬고 하기에 자연 쓰레기가 적지 않게 나옵니다. 재활용은 분리하여 마을 집하장으로 보내고, 음식물 찌꺼기는 따로 모았다가 한 곳에 묻습니다. 사랑채 옆엔 제법 넓은 잔디가 심어져 있는데 일 년이면 대여섯 차례 깎게 되지요. 깎은 풀 더미를 모아 한 곳에 버리다 보니 어느새 두엄 밭처럼 되어버렸습니다. 오랜 세월 풀 더미에 음식물까지 합세하니 아주 훌륭한 거름이 생겨난 거지요.

그 거름을 밭에 뿌리면서 잘 썩은 거름 덕분에 채소는 또 좋은 열매를 맺겠구나 하고 고맙다는 생각을 하게 됩니다. 먹고 남은 음식물 쓰레기는 천덕꾸러기이지만 이렇게 훌륭한 거름으로 다시 태어나는 것입니다.

가락재에는 여러 형태의 십자가들이 있습니다. 멀리서도 보이는 높은 곳의 십자가도 있지만 낮은 곳에 자리한 십자가도 있습니다. 높은 십자가는 바라보도록 하는 것이라면, 낮은 십자가는 지고 가도록 하는 것입니다. 높은 십자가는 하늘에 있지만 낮은 십자가는 땅에 있습니다. 땅의 낮은 십자가는 거름을 참 많이 닮았습니다. 어둠 속에서 죽고 썩어 생명을 살리고 많은 열매를 맺게 하는 거름이야말로 십자가의 참모습이 아닐까 하는 생각이 듭니다. 십자가를 지고 따른다는 말은 스스로 거름이 되겠다는 말이겠지요. '거름이 되는 길'은 고난의 길(via dolorossa)이며 자기 부정의 길(via negativa), 곧 '십자가의 길'일 것입니다.

그 죽음이 그렇게 죽어

나는 부활이요 생명이니 […].

요한복음 11:25

십자가 때문입니다.
빌라도 때문이고
유다 때문이고
베드로 때문입니다.

그 때문에
용서이고
사랑이고
부활입니다.

죄를 넘어
죽음을 넘어

별들이 성좌星座 되고
사람들이 교회 되고
나무들이 숲이 되고

땅에 떨어진 하늘 씨앗입니다.
묻히고 썩어지고 뿌리내려
가지마다 맺혀진
열매입니다.

그 죽음이 그렇게 죽어 부활입니다.
이 죽음도 이렇게 죽어 부활입니다.

북향화

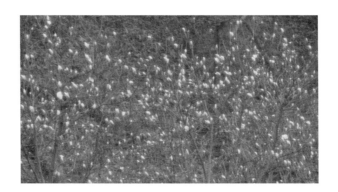

내가 네 갈 길을 가르쳐 보이고 너를 주목하여 훈계하리로다.

시편 32:8

봄소식을 먼저 알린다고 해서 영춘화迎春花라고도 하는 목련은 화목류花木類에 속한 나무로는 드물게 꽃송이가 큽니다. 같은 종류의 매실나무나 벚나무, 산수유나 살구나무에 비해서 그렇습니다. 나무의 크기로는 교목喬木에 가깝습니다. 꽃이 없는 여름 한 철에는 훌륭한 그늘을 만들어줄 만큼 잎사귀도 넓고 두껍습니다. 꽃송이의 크기로 말하면 탐스러운 모란꽃이나 함박꽃이 있고 나무로는 무궁화도 제법 크게 피지요. 그러나 이들은 꽃을 위주로 하기 때문인지 대부분 큰 나무로 자라지는 않습니다.

이에 비해 목련은 나무로도 꽃으로도 어디 내어놓아도 손색이 없을 만큼 출중합니다. 특히 꽃의 아름다움 때문에 나무에 달리는 연꽃이라고 하여 목련이지요. 그 하얀 색깔이 옥처럼 깨끗하다고 하여 옥수玉樹라고도 하네요.

더욱 흥미로운 점은 이 꽃을 북향화北向花라고 한다는 것입니다. 봉우리로 있을 때 꽃이 북쪽을 향하기 때문이라는 것입니다. 정말 그런가 하여 사랑채 앞마당에서 이제 막 피어오르는 꽃망울을 유심히 살펴보았습니다. 다 그렇지는 않아도 대부분 그러네요. 꽃들은 너나 할 것 없이 다들 햇빛을 보려고 그 얼굴을 남쪽으로 향하게 되는데 말입니다. 특이하다면 특이합니다. 원산지인 중국에서는 이를 황제에 대한 충성심으로 연결시켰다지만 우리 그리스도인에게는 이것이 주님을 향한 신앙심으로 해석될 수 있습니다. 어두운 밤하늘에는 북극성이 있고 따스한 봄철에는 사월의 꽃 '북향화'가 있어 우리 삶의 방향을 제대로 잡아줍니다.

시적 성찰

화 있을진저 외식하는 서기관과 바리새인들이여, 회칠한 무덤 같으니 겉으로는 아름답게 보이나 그 안에는 죽은 사람의 뼈와 모든 더러운 것이 가득하도다.

마태복음 23:27

민주주의의 좋은 점은 투표를 통해 진정한 권력의 주체가 누구인지를 보여주는 것이라 하겠습니다. 승리한 정당은 국민에게 감사하고 패배한 정당은 성찰하며 앞으로 잘해보겠다고 국민 앞에 고백합니다. 그 말을 다 믿을 수는 없지만 적어도 '성찰'이란 단어를 꺼내 들었다는 점만으로도 다행한 일입니다. 성찰의 대상은 무엇보다 자기 자신입니다. 사람은 누구나 잘못한 일에 대하여 그 탓을 남에게 돌리려는 경향이 있습니다. 우리는 자신의 잘못에 대하여 본능적으로 자기를 방어하거나 합리화하게 마련이지요.

개신교의 예배에서 자신의 죄를 돌아보며 용서를 비는 일이나 가톨릭 미사에서 '내 탓이요, 내 큰 탓이로소이다'를 읊조리도록 하는 까닭이 여기 있습니다. 이는 절대자 앞에서 자신의 잘못을 인정하고 다음부터는 그렇게 하지 않겠다고 다짐하려는 것일 겁니다. 그런데 성찰 중의 성찰은 어떤 한두 가지의 잘못을 인정하는 데 그치지 않고 '나'라는 존재 그 자체를 성찰의 대상으로 삼는 일입니다. 프랑스 철학자 사르트르가 산문과 시를 비교하면서 산문이 인간 행위의 모방인 데 비해, 시는 세계 자체를 모방하는 것이라고 말했답니다. 그런 점에서 만일 산문적 성찰이라는 것이 있다면 시적 성찰이야말로 진정한 성찰이 아닌가 합니다.

이런 성찰이야말로 우리로 하여금 '거짓 자아'를 직면하도록 하며 이를 통해 '참 나'로 나아가도록 이끌어주는 것입니다. 거짓의 탈을 쓰고 있는 존재는 한 개인에 국한되지 않습니다. 참으로 많은 단체가 이런 거짓을 위선으로 가장하고 있지요. 특히 나라를 이끌어가고 있는 정당이 그렇게 보입니다. 이러한 기존의 단체를 말끝마다 비판하는 반대 세력들도 그러하기는 마찬가지입니다. 그래서 시인 신동엽은 4.19를 보내며 향그러운 흙 가슴만 남고 껍데기는 가라고 외쳐댔는지 모르겠습니다.

추를 보듬는 미

하나님께서 지으신 것은 모두 다 좋은 것이요, 감사하는 마음으로 받으면 버릴 것이 없느니라.

디모데전서 4:4

목련을 별로 좋아하지 않았습니다. 처음 나올 때의 그 순수함이 하루아침에 더럽혀져 녹슬어버리는 듯하여 싫었지요. '아 내 사랑 목련화야!'보다는 '그대는 차디찬 의지의 날개로'로 시작되는 〈수선화〉를 즐겨 불렀지요.

그런데 언제부터인가 건축재로 녹슨 철판을 사용한 것을 보고 나서는 생각이 달라졌습니다. 녹슨 철판의 미학은 건축가 안도 다다오와 이우환 화백에게서 두드러집니다. 교분이 깊었던 이들이 우연이었는지 두 사람 다 새집과 새 작품에 낡고 녹슨 철판을 일부러 가져다 쓰기 시작한 것입니다.

봄이 되었다고 지난해의 낙엽이 다 사라진 것은 아닙니다. 새싹 돋는 나뭇가지지만 아직 누런 잎들이 여기저기 남아 있습니다. 푸릇푸릇 연둣빛 이파리 주변에서도 우리는 얼마든지 고엽枯葉을 볼 수 있습니다.

피는 꽃은 지는 꽃들과 더불어 존재합니다. 묘목과 고목이 공존하고요. 녹슨 색, 빛바랜 색, 더럽혀진 색이지만 보기에 따라서 철든 색, 농익은 색, 흙 닮아가는 색이기도 한 겁니다. 곧 어둠을 곁에 두는 밝음, 죽음을 가까이하는 삶, 악을 포용하는 선, 추醜를 보듬는 미美 아니겠습니까?

하얀 제비꽃

예수께서 앉으신 뒤에, 열두 제자를 불러놓으시고 그들에게 말씀하셨습니다.
'누구든지 첫째가 되고자 하면, 모든 사람의 꼴찌가 되어서 모든 사람을 섬겨
야 한다.' 그리고 어린이 하나를 데려다가 그들 가운데 세우신 뒤에, 그를 껴
안으시고서 그들에게 말씀하셨습니다. '누구든지 내 이름으로 이런 어린이들
가운데 하나를 영접하면, 나를 영접하는 것이요, 누구든지 나를 영접하면,
나를 영접하는 것보다, 나를 보내신 분을 영접하는 것이다.'

마가복음 9:35-37

봄의 전령사로는 눈 속에서도 핀다는 복수초가 있으나 이를 만나기는 그리 쉽지 않습니다. 가까운 야산에서 그저 쉽게 눈에 띄기로 봄맞이 들꽃은 제비꽃이 아닌가 합니다. 지구상에 400여 종이 있고 국내에서 자라는 것은 30여 종. 그 가운데 태백 제비, 노랑 제비, 남산 제비는 한국산이라고 합니다. 가락재 주변엔 특히 콩 제비꽃이 많습니다. 땅에 밟히면서도 또 밟힐 줄 알면서도 땅의 삶, 땅붙이의 삶을 천직으로 알고 그렇게 살아가기에 꽃말도 '겸손', '소박'이랍니다. 제비꽃이라는 이름은 강남 갔던 제비가 돌아오는 그때를 맞추어 피기에 붙여진 이름이라고 합니다. 이들의 귀환으로 한 해를 시작한 옛 분들에게 제비는 참으로 반가운 손님이었겠지요. 그런데 이 꽃을 오랑캐꽃이라고도 하는군요. 이건 또 뭐지요? 고려시대 여진과 국경을 맞대고 있을 때, 춘궁기가 되면 북에서 쳐들어와 식량을 빼앗아 가곤 했다는데 무리 지어 피는 꽃이 마치 오랑캐의 머리채 같다 하여 그렇게 불렸다는군요. 때로 반갑기도 하고 때로 두렵기도 했던 우리네 심정을 이 꽃 한 송이가 잘 담아주었네요.

노랑제비꽃 하나를 피우기 위해서는 숲이 통째로 필요하다는 반칠환 시인의 「노랑제비꽃」이란 시가 있습니다. 몇 년 전 이 시를 처음 보았을 때의 기억이 새롭습니다. 오랜만에 돌아온 제비를 발견한 기분이었다고 할까요. 들꽃 가운데서도 제비꽃은 더욱 작습니다. 작기만 할 뿐 아니라 땅에 낮게 깔려 있어 보잘것없어 보입니다. 그래서 이 꽃을 앉은뱅이 꽃이라고도 하는가 봅니다. 한 사진작가의 말인데 야생화를 찍으려면 허리를 숙여야 한다는군요. 그런데 이 제비꽃을 찍으려면 아예 땅에 엎드려야 합니다. 저도 어제 이 사진을 찍느라 그랬습니다. 여기저기 사방에 피어 있는 이 녀석을 찍느라 낮아져야 했고 바싹 땅바닥에 붙어야 했습니다. 그러면서 고자세와 저자세에 대하여 생각해봤습니다. 낮은 자리에서 작고 볼품없이 땅에 깔려 사는 민초들, 보잘것없는 인생이지만 허리를 숙이고 땅에 엎드리어 가만히 들여다보면 그 안에 이런 아름다움이 감추어 있네요. 하얀 제비꽃이 더 그렇습니다.

이랑과 고랑

주께서 밭고랑에 물을 넉넉히 대사 그 이랑을 평평하게 하시고 또 단비로 부드럽게 하시고 그 싹에 복을 주시나이다.

시편 65:10

봄 햇살이 대지를 따뜻하게 보듬으면 밭을 갈고 논에 물을 대는 일로 농부의 하루는 바쁩니다. 자연 농법을 주장하는 사람들이 있어 이들은 밭을 갈거나 풀을 뽑는 일 자체를 불필요한 것으로 여기지만, 그래도 경작耕作으로 농사는 시작되게 마련이지요.

논을 가는 일이 물을 대기 위해 땅을 평평하게 고르는 것이라면, 밭을 가는 일은 이랑과 고랑을 만드는 일이라 할 수 있습니다. 이랑은 흙을 쌓아 올린 두둑한 부분을 말하며, 고랑은 두둑과 두둑 사이 움푹 들어간 부분을 말합니다. 이랑에는 거름을 주어 씨나 모종을 심고, 고랑은 그 일을 가능케 합니다. 이랑이 있어 곡식이 심기고 자라며, 고랑이 있어 이를 길 삼아 다니며 김도 매고 장마철이면 이리로 물이 빠지기도 합니다.

이랑의 역할을 하는 사람이 있고 고랑의 역할을 하는 사람이 있습니다. 같은 사람이라도 상황에 따라 이랑의 역할을 할 때와 고랑의 역할을 할 때가 있습니다. 이랑은 드러나고 고랑은 쉽게 눈에 뜨이지 않습니다. 고랑은 이랑을 위해 숨겨지는 자리이며 이랑은 그런 고랑의 도움으로 제구실을 하는 겁니다.

그래서 밭갈이는 이랑과 함께 고랑을 만드는 일이기도 합니다. 땅이 있어 밭을 갈고 밭을 갈아야 씨를 뿌릴 수 있고 씨를 뿌려야 열매를 거둘 수 있습니다. 그 밭이 제대로 역할을 하기 위해서 이랑과 고랑이 필요한 것입니다. 우리 삶의 밭에도 이런 이랑과 고랑이 있어 풍성한 열매를 맺을 수 있지 않나 생각해봅니다.

다람쥐 덕분에

우리에게 날수를 제대로 헤아릴 줄 알게 하시고 우리의 마음이 지혜에 이르게 하소서.

시편 90:12

올봄에 유난히 눈에 띄는 새싹들이 있습니다. 참나무 순입니다. 특별히 누가 심은 것도 아니고 참나무 밑으로 떨어져 싹을 키운 것도 아닙니다. 그런데 집 주위 여기저기 여러 군데에서 잎을 돋우며 자라고 있습니다. 안채 앞에 갈참나무가 한 그루 있기는 합니다만 도토리 알이 그리로 날아갈 수는 없을 겁니다. 그러면 어떻게 된 영문일까 곰곰이 생각해봅니다. 그런데 도토리 떡잎 주위로 다람쥐들이 발발거리며 다니고 있습니다. 아하, 그랬던 모양이구나!

지난해 또는 지지난해, 다람쥐가 겨울 양식으로 여기저기 파묻어두었던 도토리 알이 새봄이 되자 슬며시 움을 틔우고 자라난 것입니다. 숨겨두고는 그 자리를 잊어버려 미처 다 찾아내지 못한 알맹이들이 뒤늦게 발아한 거지요. 이렇게 여러 해를 지내고 나면 가락재는 아마도 참나무 숲으로 둘러싸일지도 모르겠습니다. 다람쥐 한 마리의 겨울 양식으로 끝나버릴 도토리 한 알이지만 그때가 되면 몇백 개로 늘어나 수십 마리 다람쥐의 겨울 양식이 될 수 있다는 것, 참 묘한 자연의 이치라 하겠습니다. 잊어버림과 베풂의 인과율이라고 할까요?

한때 청설모가 갑작스레 나타나 토종 다람쥐를 몰아내는가 싶었는데 언제부터인가 이 큰 녀석들은 어디로 갔는지 눈에 띄질 않네요. 어린 시절 소풍 가서 우리 안에 갇힌 다람쥐가 쳇바퀴를 열심히 돌리는 모습을 재미있게 본 기억이 있는데, 이제는 자유롭게 골짜기를 돌아다니며 이런저런 일들을 만들어내고 있는 게 마냥 귀엽고 신통합니다.

애기똥풀

전에는 네가 버림을 당하며 미움을 당하였으므로 네게로 가는 자가 없었으
나 이제는 내가 너를 영원한 아름다움과 대대의 기쁨이 되게 하리니 [···].

이사야 60:15

애기똥풀을 아시나요? 우리가 사는 주위의 낮은 곳들, 마을 근처 밭둑이나 길가 빈터 양지에서 쉽게 볼 수 있는 두해살이풀입니다. 해마다 이맘때면 여기저기 아기가 똥을 싸놓은 듯 샛노란 꽃을 볼 수 있지요.

그저 그런 풀인데 그 앞에 '똥'이란 말이 붙어 똥풀이 되었습니다. 이렇게 끝났으면 좀 뭣했을 텐데 다행스럽게도 그 앞에 '애기'란 접두어가 붙어 전혀 다른 어감으로 살아났습니다.

그런데 이 풀이 그리 하찮은 것만은 아니랍니다. 애기똥풀은 양귀비 과에 속하며, 그 꽃이나 줄기나 잎이 모두 약으로 쓰이고, 줄기를 짜면 나오는 노란 액은 좋은 염료랍니다.

고난, 역경, 좌절, 불안, 걱정, 실패, 한숨 등의 온갖 부정적 상황에 있을지라도 이를 전혀 다른 이미지로 바꿀 수 있는 힘이 우리말에 얼마든지 있다는 것이 놀랍습니다.

들판에 피어 있는 하찮은 잡풀에서도 하나님의 아름다움을 느껴볼 수 있는 5월. 5월의 아름다움은 들풀의 아름다움입니다. 사실 잡초는 없다고 하지 않습니까?

검은등뻐꾸기

그러니 먹을 것과 입을 것이 있으면, 그것으로 만족스러울 것이기 때문이다.

디모데전서 6:8

산이 좋은 것은 나무들이 있기 때문이고, 그 나무들이 모여 숲을 이루기 때문이며, 그 숲에서 새들이 깃들이며 지저귀기 때문일 겁니다. 나무들로 가득 찬 숲 한가운데 있는 느낌으로 사는 건 이제 5월에서 6월로 접어드는 계절이기에 더욱 그러합니다. 아침부터 이런저런 새소리가 합창을 하며 단잠을 깨웁니다. 그러고 보니 『장자莊子』에 나오는 말처럼 막상 누가 장 안에 갇혀 있는지 모를 일입니다. 어제는 예쁜 옷을 입은 노랑할미새 두 마리가 알 낳을 둥지 틀 장소를 모색하는 듯 번갈아가며 유리창을 두드리더군요. 봄은 산비둘기의 구구단 외우는 소리로 시작하여 여름은 네 박자로 온종일 노래하는 '검은등뻐꾸기' 소리로 채워져갑니다.

뻐꾸기는 이른바 '탁란托卵'으로 유명하지요. 알을 다른 새의 둥지에 위탁하여 포란시키는 겁니다. 휘파람새나 오목눈이 같은 작은 새 둥지에 낳아 그 알에서 부화된 새끼는 작은 알 새끼들을 밀쳐내고는 큼직하게 자랍니다. 이런 과정을 지켜보는 어미 뻐꾸기는 직접 먹이를 주지 않은 제 새끼로 하여금 어미를 인지하게 하기 위해 열심히 소리를 낸다는 겁니다. 일반 뻐꾸기가 두 음절로 '뻐꾹' 하는 데 비해 검은등뻐꾸기는 '뻐뻐꾹꾹' 하며 네 음절로 목청을 돋우는 까닭은 아마도 남의 집에서 자라난 자식에 대한 연민이 그만큼 크기 때문이 아닐는지요.

집을 장만하는 데 총력을 기울이는 어미가 있고, 먹이를 열심히 챙겨주는 어미가 있으며, 관계를 잘 맺도록 하는 어미가 있네요. 사람도 그렇겠지요. 집도 필요하고 먹이도 있어야 하는데 관계에 더 큰 비중을 두는 가정이라면 이는 한 가정으로 하여금 의식주 단계를 넘어서도록 하는 것이겠지요. 곧 삶의 문화적 수준입니다. 꾀꼬리가 그렇듯이 검은등뻐꾸기도 문화적 공감대를 불러일으켜주는 새로 우리 곁에 가까이 다가와 있네요.

연한 순이 생명력입니다

그리스도는 연약하기 때문에 십자가형으로 죽임을 당하셨지만, 하나님의 능
력으로 말미암아 살아계십니다. 그리고 우리도 그 안에서 연약하지만, 하나
님의 능력으로 말미암아 여러분을 위하여 그와 함께 살아 있을 것입니다.

고린도후서 13:4

우리말 '힘'을 뜻하는 한자가 많이 있습니다. 실력, 체력, 재력, 세력, 권력, 매력, 정력, 기력, 정신력, 영력 등 누구나 좋아하며 또 추구하는 것이지요. 일반적으로 힘은 강하고 단단한 것이라고 말할 수 있지만 풀이나 나무의 순이 뻗어가는 모습을 보면 꼭 그렇지만도 않습니다. 오히려 어린아이의 속살 같고 목화의 솜털과도 같습니다. 창조의 세계를 이어가는 참 생명의 힘은 부드럽고 연한 순에서 엿볼 수 있습니다.

노자老子는 『도덕경』에서 사람이 태어날 때는 부드럽고 연약하지만 죽을 때는 굳고 딱딱하다고 말합니다. 만물초목도 그러하다는 것이지요. 따라서 굳고 딱딱한 것은 죽음의 무리요, 부드럽고 연약한 것이 삶의 무리라는 것입니다(堅强者死之徒 柔弱者生之徒, 76장). 연약하고 유연하고 부드러운 것이 생명의 본질입니다. 이 생명력이 풀과 나무의 어린 순에 그대로 담겨 있습니다. 생명으로 충만해가는 5월의 끝자락은 이러한 사실을 아주 잘 보여줍니다.

그리스도인이나 교회 또는 기독교의 힘이 진정한 생명력이라고 한다면 강하기보다는 부드럽고, 딱딱하기보다는 연약함이 마땅할 것입니다. 예수님의 모습이 그렇고 십자가의 모습이 그렇기 때문입니다. 한 시대의 기독교의 모습이 그 사회에서 어떻게 보이느냐 하는 것이 중요합니다. 크고 강한 힘만을 과시하는 시대라면 교회는 그 자체로 이미 죽어가는 것이나 마찬가지입니다.

아리랑을 쓰다

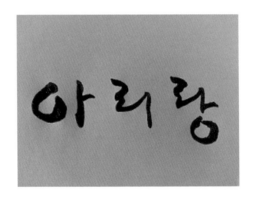

너희의 하나님이 이르시되 너희는 위로하라. 내 백성을 위로하라.

이사야 40:1

세월호 침몰 사고 희생자를 위한 합동 분향소가 전국 열일곱 곳으로 늘어났고 이곳을 찾은 이들이 백만 명을 넘어섰다고 합니다. 목숨을 잃은 248명과 실종자 54명을 포함한 총 302명이 안타깝게 또 억울하게 희생되었습니다. 침몰하는 배 안에서 구원을 요청하는 어린 학생들의 모습이 눈에 선합니다. 그 죽음이 너무도 안타까워 애간장을 녹이며 하루하루를 힘겨워하는 가족과 친구와 교사 그리고 친지가 얼마나 될까요? 이번 일로 과거의 개인적인 상처가 재발되는 아픔을 겪고 있는 이들까지 합치면 그 숫자는 헤아릴 수 없이 많을 것입니다.

미안합니다.
미안합니다.
잊지 않겠습니다.

내 탓입니다.
죄송합니다.
함께하겠습니다.

이런 마음을 달랠 겸 몇 친구와 설악면에 있는 서너치 고개를 넘어 소구니산으로 해서 마유산(유명산)을 올랐습니다. 몇 고개를 오르내리며 문득 아리랑 고개를 떠올리는데 아리랑이란 말의 어원이 '아리다'가 아닐까 하는 생각이 들었습니다. 쓰리랑은 '쓰리다'에서 온 것이고요. '아리랑~ 쓰리랑~'은 아리고 쓰린 마음의 한恨을 푸는 노랫가락입니다. 이 땅에 살면서 삶과 죽음의 애환을 '아리랑'으로 달래는 우리 민족은 그래서 아리랑 민족입니다. '아리랑'에 우리 민족 공동체의 하나 됨의 정서가 담겨 있습니다. 이런 뜻으로 이 아침에 아리랑을 써봅니다.

생명 불멸의 법칙

죽음이 삼킴을 당하고 승리가 왔다. 죽음아! 네 승리가 어디 있느냐? 죽음
아! 네 독침이 어디 있느냐?

고린도전서 15:54-55

사그라지기도 하고, 없어지기도 하고, 다하기도 하고
꺼지기도 하고, 망하기도 하고, 죽기도 하고…….
그래서 생명입니다.

그러나
또 다른 형태로
다시 살아나는 것이
생명입니다.

에너지 불변의 법칙처럼
멘델의 유전법칙, 열역학 제1법칙처럼
'생명 불멸'의 법칙이 있습니다.
하나님의 법칙이 존재합니다.

존재합니다.

힘내세요!

[…] 나를 보내사 마음이 상한 자를 고치며 포로 된 자에게 자유를, 갇힌
자에게 놓임을 선포하며 […].

이사야 61:1

'말씀'을 전할 일이 있어 빛고을 광주에 내려갔다가 내친김에 진도 팽목항에 다녀왔습니다. 한국인이라면 모두가 마음만으로 적어도 한두 번은 다녀왔을 그곳 아닙니까?

특별히 아는 유가족이 있는 것은 아니었으나 그곳의 분위기에서 느낀 것은 우리나라 사람들 참 착하다는 것입니다. 3백여 명의 목숨을 한꺼번에 삼킨 검푸른 바다는 얄미울 정도로 잔잔하였으나 선착장 주변에 쳐 있는 수십 개의 천막이 참으로 아름다웠습니다. 자원봉사자들의 헌신하는 모습은 눈물겨웠습니다.

이 장면을 보고 《노이에스 도이칠란트》라는 독일 신문이 전한 내용입니다. "이번 참사로 혼란스럽고 비통한 가운데 오직 자원봉사자들의 헌신만이 유일하게 아름다웠다." 이어진 한 봉사자의 말. "생명보호는 세계 최악, 자원봉사는 세계 최고."

이런저런 장면 가운데 마음에 가는 글귀를 사진에 담아왔습니다. "힘내세요! 한국 교회가 함께합니다." 이 세상에서 교회가 무엇을 해야 하는지를 잘 보여주는 말입니다. 가난한 사람들, 억눌린 사람들, 병든 사람들에게 '힘내라!'고 말하는 것입니다. 하나님의 힘, 교회의 힘은 그 자체의 힘이라기보다 약한 사람들에게 힘 실어주는 그런 힘이겠지요.

대한민국의 침몰

땅이여, 땅이여, 땅이여, 여호와의 말을 들을지어다!

예레미야 22:29

가깝게 지내는 벗 최관규 박사가 카카오톡을 통해 보내온 사진입니다. 이런 글과 함께. "성장하는 과정의 우리의 어린 모습이니 누굴 탓하기도 뭐합니다. 우리의 자화상입니다. 더도 덜도 아닌. 1억 킬로미터 지구 밖에서 우리 지구와 달을 찍은 사진입니다." 지난 4월 26일에 받은 것이니 세월호 침몰의 아픔이 있은 지 열흘이 지난 때의 일입니다.

2014년 4월 16일을 결코 잊을 수 없는 이유는 우리가 지금까지 지향해온 것, 우리 삶의 우선순위가 과연 무엇이었나 돌아보게 한다는 점 때문입니다. '우리의 자화상'이라는 친구의 말에 동의합니다. 이런 사회를 이끌어온 정치 지도자, 사회 지도자를 탓하기에 앞서 책임을 묻게 되는 집단이 있습니다. 바로 교회와 학교입니다. 왜냐하면 그 어떤 지도자보다 이 분야의 역할이 더 크다고 생각하기 때문입니다.

이제 와서 새삼스럽게 떠올리고 싶은 글귀, "학교는 죽었다. 그리고 교회도 죽었다." 아, 대한민국! 너도나도 큰 것만을 지향하다 이 꼴이 되었습니다. 큰 나라, 큰 교회, 큰 학교, 큰 기업, 큰 인물…….

죽은 학교, 죽은 교회가 거듭나려면 '작은 것'에 대한 새로운 가치와 관심이 생겨나야지요. 지구는 작습니다. 사람도 작습니다. 그러므로 작은 것을 사랑함이 마땅합니다. 대한민국의 침몰, 큰 나라 한국이여 침몰하라, 작은 나라 한국으로 다시 살아나라!

우리도 구원파일 수 있습니다

예수께서 이르시되 네 대답이 옳도다. 이를 행하라. 그러면 살리라. […] 가서
너도 이와 같이 하라 하시니라.

누가복음 10:28, 37

정치와 종교의 관계는 인류 역사만큼이나 오래되었습니다. 인간은 정치적 존재(Homo politicus)이면서 동시에 종교적 존재(Homo religius)이기 때문입니다.

따라서 이 둘의 영역에 종사하는 사람들 사이의 밀고 당김이 곧 사회와 역사이며 우리도 이 안에서 살아왔습니다. 종교를 박해하면서 정치체제를 구축하려는 사회가 있고 반대로 종교를 이용하면서 정치적 목적을 이루려는 사회가 있습니다. 북한과 남한의 실정이 이를 대조적으로 극명하게 보여주고 있지요.

세월호의 아픔과 더불어 '구원파'가 새삼 중요한 과제로 떠올랐습니다. 이른바 구원파의 문제는 다음 몇 가지로 요약될 수 있을 것입니다. 첫째는 구원관에 대한 독점 교리(dogma)와 폐쇄성입니다. 둘째는 지도자의 절대 군주화(교주화)와 그의 비리입니다. 셋째는 신앙에 있어 표면적으로는 내세 지향적이면서 실제의 삶은 지극히 기복적이라는 점입니다. 이로 인한 신앙과 생활, 믿음과 삶, 말과 행동에 대한 표리부동表裏不同 현상이 문제가 되지요. 그럼에도 불구하고 정작 그 안에 있는 사람들은 이를 전혀 의식하지 못하고 있다는 점입니다. 독선과 맹목 그리고 자기도취(narcissism)와 자가당착의 모습입니다. 만일 이러한 모습이 내가 다니는 교회에도 보여진다면 우리도 구원파일 수 있습니다.

여름

여행 단상

하나님은 한 분이시요, 또 하나님과 사람 사이에 중보도 한 분이시니 곧 사
람이신 그리스도 예수라.

디모데전서 2:5

여행이란 집을 떠나 다시 집으로 돌아오는 것입니다. 집이라는 공간을 떠나 시간으로 진입하여 시간 속에 머물다가 다시 공간 안으로 돌아오는 것이 여행이 아닌가 합니다. 이때의 집이라는 공간은 출발선에 해당되며 여행의 기간은 시간을 뜻하는 것이지요.

일정한 공간에서 생활하다가 그 공간을 벗어나면서 여행자는 새로운 시간을 경험하게 되는 겁니다. 물론 모든 여행이 이 장소에서 저 장소로 가는 장소의 이동이기는 하지만 그 과정에서 새롭게 느끼게 되는 것은 다름 아닌 시간입니다. 특별히 해외로 여행할 때는 이를 더욱 분명하게 확인하게 됩니다. 곧 시차時差 때문이기도 하지요. 그저 장소를 옮겼을 뿐인데 시간은 여행자의 경험과 관계없이 한두 시간 늘어나기도 하고 또 줄어들기도 합니다. 이 역시 여행자로 하여금 시간 여행을 떠오르게 하는 요인입니다.

사람을 '인간人間'으로 말한다는 것은 사람이 '사이'의 존재임을 가리킬 것입니다. 이 사이를 뜻하는 '간間'은 공간의 '간'이며 또 시간의 '간'이기도 합니다. 공간적 존재이며 시간적 존재인 인간에게서 '사이'는 존재의 근거가 아닐 수 없습니다. 사이는 나와 너 사이의 틈이며 거리이며 관계입니다. 그 사이가 나를 규정하고 너를 규정하지요. 나쁜 사람 좋은 사람이 따로 없으니, 사이가 나쁘면 나쁜 것이고 사이가 좋으면 좋은 것입니다.

이번 여행을 통하여 얻은 것이 있다면 시간과 공간과 인간, 특히 '사이'에 대한 성찰입니다. 곧 일상의 공간을 떠나 시간 속으로 들어가 사람들을 만나며 그들과의 새로운 사이를 형성하는 일이었습니다. 그리고 이제 다시 일상입니다. 집을 떠나 다시 집으로, 나를 떠나 다시 나에게로 돌아오는 일상입니다.

방파제와 등대

인간이 어찌 두려워하지 않을 수 있겠소? 스스로 지혜로운 체하는 자를 안
중에도 두지 않으시는 그분을.

욥기 37:24

산으로 둘러싸인 곳에 살다 보니 가끔씩 바다 소리가 그리워 너른 바다를 찾곤 합니다. 특히 동해는 인제터널이 뚫려서 여기에서 두 시간도 채 걸리지 않습니다. 한반도에서 가장 먼저 아침 햇살을 뿌려주는 그 바다를 아내와 함께 찾았습니다. 잔뜩 찌푸린 날씨로 뜨는 해는 보지 못했으나 통통거리며 포구로 들어오는 고깃배들이 정겹습니다. 고기잡이하느라 밤을 지새운 어부들은 만선이든 아니든 이제 뭍에서 짐을 풀어야겠지요.

항만의 둑길을 걷는데 길게 늘어진 방파제가 눈에 들어왔습니다. 밀려드는 파도를 온몸으로 막으며 연신 씨름을 벌이고 있습니다. 저 멀리서는 두 개의 등대가 해변의 운치를 더해줍니다. 빨간 등대는 오른쪽의 장애물을 피하라는 것이고 하얀 등대는 왼쪽의 장애물을 피하라는 것이라고 합니다. 그래서 먼바다로 떠났던 배들이 두 개의 등대 그 사이로 잘 들어올 수 있는 것이지요. 파도를 막아주는 방파제와 길잡이를 해주는 등대를 보며 잠시 생각해봅니다.

막아주는 역할과 길잡이의 역할은 우리네 가정과 교회 그리고 나라에도 적용되는 것이지요. 내 식구들을 외부의 방해꾼들로부터 보호하기 위해서는 힘이 필요하고, 그 안에서 사람다운 삶을 영위토록 하기 위해서는 지혜가 필요합니다. 어느새 대선 정국 분위기로 접어들었나 봅니다. 어느 한 사람에게 힘과 지혜를 다 요구하기보다는 그 자신의 부족을 채워주는 주위 사람들이 누구인지를 함께 파악하는 일이 중요하지 않을까 하는 생각입니다. 가정이 그렇고 교회가 그렇듯이 나라 살림도 마찬가지겠지요.

갈등 가운데 피는 꽃

곧 우리는, 구원받는 자들과 멸망 받는 자들 가운데서, 하나님께 드리는 그리스도의 향기이기 때문입니다. 어떤 사람들에게는 죽음에서 죽음에 이르게 하는 냄새이고 어떤 사람들에게는 생명에서 생명에 이르게 하는 향기입니다.

고린도후서 2:15

갈등葛藤이란 견해, 주장, 이해 등이 뒤엉킨 복잡한 관계 또는 정신 내부에서 일어나는 서로 다른 두 가지의 욕구가 충돌되는 상태를 말합니다. 이 말의 본뜻은 칡(葛)과 등藤나무가 엉킨 모양입니다.

실제로 이 두 나무가 서로 엉킨 모습을 보지는 못했지만 여름의 막바지인 요즘이면 칡넝쿨이 이 나무 저 나무, 이 풀 저 풀을 닥치는 대로 휘감고는 그 세勢를 과시합니다. 저러다가 온 산을 다 뒤덮으면 어떡하나, 나무가 다 죽으면 어떡하나 걱정될 정도입니다. 야산의 칡만큼 많지는 않지만 등나무의 타고 올라감이나 뻗어나감도 대단합니다. 이 두 세력이 만나고 충돌할 때, 이른바 갈등의 상태가 되겠지요.

지난주 친구들과 산을 올랐습니다. 어디선가 바람을 타고 다가오는 향내가 있었습니다. 꽃 향의 주인공은 다름 아닌 칡꽃이었습니다. "이 꽃에서 나온 향기였어!" 이런 사실을 처음으로 알게 됨에 크게 감동하는 이도 있었습니다. 못되고 보기에도 흉한 칡넝쿨인데 은은히 풍기는 내음은 한여름 더위를 말끔히 식혀줄 만했습니다. 계절을 달리하여 봄철 등나무의 보랏빛 꽃과 그 향기도 다른 어떤 것에도 쉽게 비교할 수 없을 만큼 아름답고 좋은 것이 사실입니다.

남북의 대치 상황, 동서의 갈등 상황 그 한가운데서도 피어날 수 있는 꽃, 풍길 수 있는 향기는 무엇일까 곰곰이 생각해봅니다. 분명 우리 그리스도인들에게 주어진 몫의 향기가 있을 겁니다. 갈등 가운데서도 피는 꽃이 있으니까요.

서해 남해 동해를 다녀와서

모든 강물이 바다로 흘러가도 바다는 넘치지 않는다. 강물은 나온 곳으로 되돌아가 거기에서 다시 흘러내린다.

전도서 1:7

산에 몸담고 있어서인지 가끔은 바다가 그리울 때가 있습니다. 마음만 먹으면 바다 어디라도 어렵지 않게 갈 수 있다는 것은 행운이 아닐 수 없습니다. 이번 여름에 서해와 남해 그리고 동해를 아내와 함께 다녀왔습니다. 결혼 40주년을 앞두고 기념될 만한 일을 해본 것입니다. 함께 걸은 세월, 지나온 발자국을 역으로 추적해보면서…….

서해는 질펀한 갯벌이 큰 특징입니다. 밀물과 썰물의 격차가 커서인지 생명의 약동을 진하게 맛볼 수 있습니다. 남해는 다도해답게 그 아기자기한 아름다움이 프랑스의 인상파 그림을 뛰어넘습니다. 동해는 무엇보다 시원스레 뻗은 푸르른 대해가 일품입니다. 서해의 갯벌과 남해의 한려수도와 동해의 맑고 푸르름은 사람의 취향에 따라 그 선호도가 다를 수 있을 것입니다.

한반도를 둘러싸고 있는 삼면의 바다를 다 둘러보고 나서 우리는 그 가운데 특히 동해가 더 마음에 와 닿는다는 비슷한 소감을 나누었습니다. 물론 그 까닭은 좀 달랐습니다. 아내는 시원스레 뻗은 푸른 창공을 말했고, 나는 설악산을 에둘러 싸고 있는 정경을 이야기했습니다. 부부는 너무 다르기만 해도 힘들고 너무 같기만 해도 힘들기는 마찬가지입니다. 어느 정도 다른 점이 있어야 매력을 느낄 수가 있으며, 또 어느 정도 같은 점이 있어야 재미있게 살 수 있습니다. 우리는 이렇게 40년을 딸 아들 딸 낳고 알콩달콩 살아왔습니다. "지금까지 지내온 것 주의 크신 은혜라……."

매듭과 비움의 영성

너의 영광과 위대함이 에덴의 나무들 중에서 어떤 것과 같은가 [⋯].

에스겔 31:18

대나무가 작은 몸통임에도 불구하고 20~30미터로 하늘 높이 자랄 수 있는 까닭은 자라나면서 매듭을 짓기 때문입니다. 어느 정도 자란 다음에는 계속 더 자랄 욕심을 내지 않고 일단 멈추어서 숨을 돌리며 제자리걸음을 하는 것이지요. 곧 내공內空을 키우는 겁니다. 내공이란 말 그대로 안을 비우는 작업입니다. 나무 가운데 내공의 달목達木이라면 역시 대나무일 겁니다. 그러네요. 매듭과 비움은 대나무의 으뜸가는 특성입니다.

매듭이란 가던 길을 멈추는 것이며 하던 일을 중단하는 것이며 그동안의 작업을 일단 마무리하는 것이지요. 그런 일을 하기 위해서 필요한 것은 비움입니다. 비움의 마음 없이는 멈출 수 없으며 진정한 중단은 우리로 하여금 자신을 비우도록 요청합니다. 일종의 겸허謙虛인 셈이지요. 즉 스스로 자신을 낮추고 비우는 태도를 말합니다. 최근 '일 중독'과 '돈 중독'에 빠진 현대인의 질병을 직시하며 각각의 개인 안에 숨어 있는 이타성을 키울 수 있어야 함을 강조하는 책(『강자 동일시』, 강수돌 지음)을 보고는 참 반가웠습니다. 중독이란 하던 짓을 멈출 수 없게 된 상태를 말하는 것이지요.

우리 삶의 매듭을 위한 방법은 참 많이 있습니다. 하루라는 매듭, 일주일이라는 매듭, 한 달이라는 매듭, 한 해라는 매듭 말입니다. 저는 그 가운데서 계절이라는 매듭을 즐겨 하는 편입니다. 봄이 지나 여름으로, 또 여름이 지나 가을로, 그리고 가을이 지나 겨울로 가면서 지어지는 매듭을 통해 자기 비움의 계기를 마련하는 것입니다. 이렇게 매듭짓고 비우고, 비우면서 또 매듭지으며 아래로는 땅에 뿌리를 내리고 위로는 하늘의 영성을 받으려 합니다. 대나무처럼 말입니다.

생태적 영성—ego에서 eco로

산골짜기에서 함께하는 쉼

쉼

가락재영성원 / 아바공동체

[…] 강 좌우에 생명나무가 있어 열두 가지 열매를 맺되 달마다 그 열매를 맺고 그 나무 잎사귀들은 만국을 치료하기 위하여 있더라.

요한계시록 22:2

역사를 살아가는 우리에게 한 시대가 요청하는 시대정신이 있습니다. 19세기 말 봉건시대가 마감될 무렵 근대화는 일종의 문명적 화두였던 셈이지요. 나라를 잃은 민족에게 민족적 화두는 독립이었고요. 분단의 시대가 되면서 이를 극복하기 위한 화두를 통일로 삼는다는 것은 당연한 일이었습니다. 그러나 이제 남과 북 어느 하나의 이데올로기로 일방적 흡수 또는 적화 통일을 꾀하는 일은 무의미해 보입니다. 따라서 평화적 공존이란 새로운 형태의 관계 모색이 합리적 대안으로 자리 잡게 됩니다. 이렇듯 한 나라의 민족적 시대정신은 바뀌어가게 마련입니다.

세계사적으로도 예수 그리스도의 탄생을 기점으로 첫 번째 천 년이 시작되었고 두 번째 천 년을 지나 우리는 세 번째 천 년을 보내고 있습니다. 기독교적 역사관에서 천 년(millennium)이란 말은 인류의 역사를 큰 획으로 가름하는 잣대로 사용되어왔습니다. 새 천 년으로 넘어가는 시대에 등장한 '포스트모던'이란 말이 어쩌면 지금 누구나 바라보는 '포스트 코로나'라는 말과 묘하게 오버랩 되는 데는 어떤 까닭이 있을 것입니다. 현대 이전과 이후, 코로나 이전과 이후로 뚜렷하게 구별 짓는 분기점, 그 위에서 새로운 이정표를 찾아내야 하는 엄청난 인류사적 과제를 우리 모두가 껴안고 있는 셈입니다.

이제 우리 인류는 과거의 우리 조상들이 전혀 경험하지 못한 새로운 밀레니엄의 도전에 직면하고 있습니다. 이 파고波高를 이겨내기 위해서 필요한 화두가 있습니다. 이를 '생태적 영성'이라고 말하고 싶습니다. 즉 창세기 1장에서 강조한 생육 번성 충만의 역할(창세 1:28)에서 창세기 2장의 경작과 지킴의 역할(창세 2:15)로의 대전환입니다. 생태적 영성가가 피조물의 신음과 진통 소리(로마 8:22)를 듣는 사람이라면 우리 또한 그들의 외침을 귀담아들어야 할 터이니까요. 이를 통해서 자기 중심의 에고ego에서 자기 비움의 에코eco로의 전환이 가능할 겁니다.

노랑할미새의 사랑

주는 나의 도움이 되셨음이라 내가 주의 날개 그늘에서 즐겁게 부르리이다.
시편 63:7

안채의 거실에 앉아 있노라면 예쁘게 옷을 입은 노랑 새 두 마리가 쉬지 않고 먹이를 입에 물고 꼬리를 까딱거리며 쫑쫑 걸음으로 다니는 것을 보게 됩니다. 아마 근처 어디엔가 부화시킨 새끼들이 있는 모양입니다. 사람이 다가가는 기색이 보이면 어느새 이상한 날갯짓을 하며 사람의 시선을 자기에게로 끌고는 저만치 날아가서 망을 봅니다. 동물의 지극 정성 자식 사랑이 대단합니다. 동물이든 사람이든 저런 사랑을 받고 나서야 어른이 되나 봅니다.

날씬하게 잘 빠진 작고 예쁜 노랑 새에게 왜 하필 '할미새'라는 이름이 붙여졌을까 잘 이해가 가지 않지만 '할미'라는 이름에서 어린 시절 할머니가 떠오릅니다. 친할머니가 제게 베풀어주신 사랑은 거의 무조건적이었습니다. 누나와 여동생 남동생 모두 네 남매였지만 유독 제게 독점적인 사랑을 쏟으셨습니다. 장남 선호 때문이었겠지요. 가끔씩 찾아오시는 외할머니는 참으로 인자한 분이었습니다. 저뿐만 아니라 형제들은 너나 할 것 없이 외할머니가 오시는 걸 기다리고 환영했습니다.

저렇게 어미와 아비가 힘을 모아 끔찍이 새끼들을 사랑하는 모습을 보며 할미의 자식 사랑을 생각하게 된다면 저 새의 이름은 참 잘 지어진 이름이네요. 영성수련의 과정에서 이야기를 나누다 보면 신앙과 성격 형성에 늘 문제가 되는 것이 사랑의 결핍 현상인데 이를 어떻게 극복하는가 하는 점이 영성의 관건입니다. 내가 받은 사랑이 얼마나 많은가 또는 적은가를 양적 기준이 아니라 질적 기준으로 재면 어떨까 하는 생각입니다. 한 번 받은 사랑도 잊지 않고 크게 생각하고 오래도록 기억하는 사람이 있고, 적지 않은 사랑을 받았음에도 평생 사랑 결핍증으로 살아가는 사람이 있으니까요.

분복

[…] 제 몫을 받아 수고함으로 즐거워하게 하신 것은 하나님의 선물이라.

전도서 5:19

천수답 시절, 두 발을 땅에 디디고 모내기를 막 끝낸 농부가 고개를 들어 바라보는 하늘은 그야말로 '하늘 님'이었겠지요. 이제 장막을 두르고 비를 내려 주십사 기도하는 일만 남았습니다.

밭을 전田이라 하고 논을 답畓이라 합니다. 논을 뜻하는 한자가 재미있는데 밭에 물을 댄 모습입니다. 논농사에서 물의 중요성은 아무리 강조해도 지나치지 않을 겁니다. 특히 요즘처럼 가뭄의 때면 더욱 그렇지요. 그렇게 귀한 물을 온갖 정성을 다해 끌어들여도 적절한 양이 있는 법입니다. 논두렁의 높이가 그것을 말해줍니다. 그 어떤 욕심쟁이도 물이 아까워 논두렁을 무릎이나 허리만큼 높이지는 않습니다. 필요한 만큼 채우고 난 물은 아래 논으로 흘려보내도록 합니다. 아낌없이 주는 것이지요. 이것이 분복分福의 원리 아닐까요? 곧 안분지족安分知足이며 지족지지知足知止의 슬기로움입니다.

성경에서의 분복은 '헬레크'라는 말로 제비뽑기로 나눈 몫입니다. 이스라엘 12지파에게 나누어준 땅이나 제사장에게 주어진 분깃이지요. 한자의 뜻이나 성경의 뜻이나 모두 진정한 복은 나눔의 차원을 전제합니다. 우리들이 좋아하는 '복', 그리고 교회에서 자주 하는 '축복', 또 '축복합니다'라는 말이 이런 뜻에서 사용되었으면 합니다.

논길을 따라 걷다가 눈길이 간 물꼬에서 언뜻 떠오른 단어 분복입니다.

제비의 귀환

사랑 안에 두려움이 없고 온전한 사랑이 두려움을 내쫓나니 [···].

요한일서 4:18

오랜만에 제비를 보았습니다. 십여 년 전까지만 해도 마을 시골집 여기저기에서 볼 수 있었는데 하나둘씩 사라지더니 얼마 전부터는 눈에 띄지 않아 이제는 봄이 와도 제비를 찾아볼 생각조차 하지 않게 되었지요. 그런데 그 제비가 다시 나타난 것입니다. 농가도 아닌 자동차가 쌩쌩 다니고 있는 도로변의 단층 벽돌 건물이었는데도 말입니다.

어릴 때의 옛 친구를 만난 듯 반가웠습니다. 서울에 나가려고 버스정류소에서 차를 기다리고 있었는데 하얀 배에 검은 옷을 잘 차려입은 제비 한 쌍이 휘익휘익 날아다니는 겁니다. 날아가는 쪽을 보니 맞은편 집 지붕 처마 밑 보금자리에 새끼 몇 마리가 어미 아비가 날라주는 먹이를 열심히 받아먹고 있었습니다.

일반 동물은 말할 것도 없고 새들 가운데 이렇게 사람이 사는 집 처마에 누구라도 손을 들면 닿는 곳에 집을 짓는 새는 제비 말고는 또 없는 것 같습니다. 대부분의 야생 동물은 사람을 믿지 못합니다. 언제라도 자기를 잡아먹을지 알 수 없기 때문이지요. 동물들 입장에서 보면 사람은 그 어떤 맹수보다도 더 무서울 수 있습니다. 사람과 가장 가깝게 지내는 개들도 주인이 아니면 일정한 거리를 두고 자신을 보호합니다.

그런데 제비는 이렇게 무서운 사람을 언제부터 두려워하지 않게 되었는지 모르겠네요. 그 두려움을 넘어서니 이제는 무서울 것 같은 사람들로부터 오히려 보호를 받게 되었습니다. 사람들 가운데는 부러진 제비 다리도 고쳐주는 착한 흥부가 있다는 걸 알고 있는 게지요.

조경은 집짓기의 완성입니다

나는 없이 사는 법도 알고 풍부하게 사는 법도 압니다. 나는 어떤 경우나 어떤 일에 있어서도 도사가 됐습니다. 곧 배부를 줄도 알고, 굶주릴 줄도 알고, 풍부하게 살 줄도 알고, 가난하게 살 줄도 압니다. 나에게 힘을 주시는 그분 안에서 나는 모든 것을 할 수 있습니다.

빌립보서 4:11

사람이 살아가는 데 필요한 세 가지를 의식주로 말하는데 그 가운데 하나인 주거환경도 시대에 따라서 많이 달라집니다. 초가와 한옥에서 아파트로 바뀌다가 이제는 점차 전원주택으로 옮겨가는 추세입니다. 그동안 멀리서 바라보기만 하던 야산에 이런저런 모양의 집들이 들어서고 있습니다. 난개발이라는 지적도 없지 않으나 70퍼센트에 가까운 우리의 산지를 이용한다는 점에서 보면 당연하다는 생각이 듭니다.

집을 짓는 과정은 토목으로부터 시작됩니다. 길을 내고 상하수도와 전기 시설을 하고 집 지을 터를 닦는 일이 그것입니다. 터 닦기가 끝나면 설비 시설을 한 다음 기둥이나 벽을 세우고 창을 내고 지붕을 덮습니다. 실내 공간을 디자인하고 침대와 가구를 배치하면 주거 공간이 완성되는 셈입니다. 이것으로 사람이 사는 데는 아무런 지장이 없습니다.

그런데 남은 일이 있다면 다름 아닌 조경造景입니다. 조경은 경관을 조성하는 일로서 터 닦기와 집짓기에 이어지는 주거환경의 완성이라고 할 수 있습니다. 집을 짓기 위해서 어쩔 수 없이 해치고 망가뜨린 자연을 다시 복원하는 일입니다. 터 닦기와 집짓기에 필요한 시간이 몇 달이라면 조경에는 몇 년 아니 몇십 년이 걸리기도 합니다. 자연과 더불어 다시 오랜 세월의 기다림이 필요합니다.

그동안 베드로의 심정으로 굴착기 작업을 시작했고 바울의 심정으로 집을 세웠다면 앞으로는 더 긴 세월, 요한의 마음으로 조경에 정성을 기울이려 합니다. 정성이 완성으로 가는 길일 테니까요.

하늘을 담은 못

마음이 깨끗한 사람들이 행복합니다. 그들이 하나님을 보게 될 것이기 때문입니다.

마태복음 5:8

처음 지은 안채의 서편에 있는 연못입니다. 좁은 골짜기에 집을 지으려니 집 앉힐 터를 마련해야 했고 물길을 저쪽으로 돌려야 했습니다. 그 결과로 생긴 작은 못입니다. 언뜻 보면 안에 아무것도 없는 것 같아도 자세히 들여다보면 물고기가 이리저리 헤엄쳐 다닙니다. 잉어를 몇 마리 넣었는데 어느새 커져 열댓 마리의 새끼들을 이끌고 다닙니다. 먹이도 주질 않았는데 신통하게 잘 사네요. 추운 겨울도 잘 견뎠고요.

요즘 같은 장마철에 비가 많이 오면 흙탕물이 되기도 하고 여기 지질이 석회 암이라 때로는 부예지기도 하는데 그래도 며칠 지나면 넘쳐 흘러가고 가라 앉기도 하면서 다시 맑은 물로 되돌아옵니다. 보통 때는 위에서 내려오는 물의 양도 그리 많지 않아 잔잔한 '호수'의 면모를 띠기도 합니다. 맑은 물에 잔잔한 못이니 그 안에 있는 수초며 낙엽이며 물고기며 다 들여다보입니다.

그뿐 아닙니다. 수면에서 2~3미터 위로 넝쿨져 있는 등나무도 보이고 등꽃이 한참일 때면 온통 보랏빛으로 물들기도 합니다. 가을이면 단풍의 붉은 물이 가득하기도 하고요.

그러나 무엇보다 아름다운 것은 숲속의 이 작은 못이 푸른 하늘과 흰 구름을 담는다는 것입니다. 맑은 물에 푸른 하늘이 보이듯 맑은 마음에는 하나님이 보이지 않을까요.

착시, 착각, 착오

미련한 사람에게는 영예가 어울리지 않는다. 이는 마치 여름에 눈이 내리는
것과 같고, 추수 때에 비가 오는 것과 같다.

잠언 26:1

열매를 맺는 나무는 예외 없이 다 꽃이 있습니다. 산딸나무처럼 그 모양으로 한몫하는 꽃이 있고, 매화처럼 향기로 그 존재를 알리는 꽃이 있고, 아니면 함박꽃처럼 그 크기로 자신을 알리는 꽃이 있습니다. 모두 수정을 위해 벌이나 나비를 불러들이기 위한 저 나름의 방법이겠지요. 꽃을 피우지 않는다고 하여 무화과라고 하지만 실제로는 꽃이 과실 안에 피어 밖으로 보이지 않을 뿐이라고 하지요. 그런데 꽃이 없어서 아니면 전혀 보이지 않아서 녹색 나뭇잎을 하얀빛으로 변색시켜 꽃으로 보이도록 하는 나무도 있답니다.

사랑채를 품고 있는 서산의 기슭에서 밤나무 잘려나간 자리에 이제는 다른 나무들이 그 늠름함을 대신하게 되었습니다. 새끼 밤나무도 많이 자랐고 층층나무와 잣나무가 집을 지켜주는 호위병처럼 크고 높게 버티고 서 있습니다. 그런데 그 사이에 또 하나의 나무가 자라고 있네요. 나뭇잎이 하얀색을 띠고 있습니다. 멀리서 보면 엄청나게 큰 꽃들이 푸른 잎사귀들과 함께 어울립니다. 가까이 가서 보면 꽃이 아니라 그저 나뭇잎일 뿐입니다. 착시는 사람만이 아니라 나비나 벌도 하는가 봅니다. 그들도 멀리서 꽃인 줄 알고 다가왔다가는 아니라는 것을 알게 되지만 이미 그러는 동안 알게 모르게 '수정'이 이루어지는 모양입니다. 우리가 살아오면서 경험했던 착시가 있을 겁니다. 착시로 끝나지 않고 착각이나 착오를 저지른 적도 있을 거고요. 내 생각이나 내 주장이 옳다고 생각했는데 옳지 않다는 것을 나중에 알게 되는 것이지요. 이를 반복하지 않으려면 과거의 잘못을 정직하게 시인할 수 있어야 할 겁니다.

한국전쟁 70주년이 지나고 있네요. 6.25를 두고 벌어지는 착각은 아직도 그치지 않습니다. 착시현상은 있을 수 있으나 특정한 의도를 가지고 국민에게 착오를 일으키도록 오도하는 지도자라면 이를 어떻게 해야 할까요?

꽃과 벌 사이

선한 말은 꿀송이 같아서 마음에 달고 뼈에 양약이 되느니라.
잠언 16:24

잔디밭을 지나가려는데 웽웽거리는 소리가 들려왔습니다. 벌이 호박꽃 안에서 열심히 꿀을 빨기 위해 날갯짓을 하는 소리였습니다. 뉴질랜드에서 들여온 호박인데 값도 싸고 하도 맛있기에 씨를 받아 모종하여 한쪽 언덕배기에 심었더니 여기저기 노란 꽃들을 피워 꽃밭을 이루었습니다. 이름하여 호박꽃밭입니다.

호박꽃도 꽃이냐는 말이 있듯이, 꽃 축에도 끼지 못하여 푸대접받기는 하지만 꿀벌에게는 대단한 존재입니다. 꽃이 크고 암술과 수술이 큰 만큼 꿀 또한 적잖게 든 모양입니다. 여러 벌이 달려들어 계속 빨아대니 말입니다.

모양과 색깔과 향기로 드러나는 꽃의 아름다움이란 사실 그 기준이 사람이 아니라 벌이나 나비가 되어야 할 것입니다. 그리고 그 기준 안에는 수정을 통해 열매를 맺고자 하는 꽃의 열망이 있고 그 열망을 이루고자 꿀도 존재하는 것이지요.

이렇게 꽃과 벌 사이에 주고받는 사랑의 행위 덕분에 우리는 꽃의 아름다움도 또 그 안의 꿀도 맛보게 됩니다. 그런 점에서 보면 호박꽃만큼 아름다운 꽃은 없는 거지요. 꿀벌들이 이렇게 많이 달려드니 말입니다.

'어린 왕자'가 말하지요. 사막이 아름다운 건 어디엔가 우물이 숨어 있기 때문이라고. 그런 마음으로 보면 꽃의 아름다움도 그 안의 꿀에 있지 않을까 생각됩니다.

아름, 다름, 나름 그리고 여름

나는 샤론의 수선화요 골짜기의 백합화로다. 여자들 중에 내 사랑은 가시나무 가운데 백합화 같도다.

아가 2:1-2

봄의 꽃인 산수유나 개나리, 진달래나 철쭉, 목련이나 수수꽃다리(라일락)가 지고 나니 여름의 꽃인 채송화나 봉숭아, 해바라기나 맨드라미, 나리나 백합이 피어납니다.

계절의 변화는 꽃의 바뀜에서도 찾을 수 있습니다. 산과 들, 공원이나 집 안의 화분이 여름 꽃들로 바뀌어가고 있습니다. 사랑채 뒷산 풀숲에는 원추리가 살포시 피어올라 주위를 아름답게 꾸며주고 있습니다.

꽃이 아름다운 것은 그 색깔과 모양 때문이겠지요. 아름다운 '저것'을 아름다운 '이것'으로 만들어보려는 시도가 예술 행위의 시작이 아닌가 싶습니다. 저 아름다움은 얼마 가지 않아 사라지고 말기에 저것을 여기 화폭에 담아 오래 간직하고 싶어 하는 인간의 욕구가 그림을 낳게 하고 그 그림들이 모여 미술美術이라는 장르를 이루어왔을 것입니다.

그런데 아름다움의 본질은 내가 좋아하는 몇 가지의 색깔이나 모양에 있지만은 않습니다. 오히려 서로 다른 저 나름의 독특함에 있다 할 것입니다. 어느 누구도 따라 할 수 없는 자기만의 고유함에서 창조의 의미를 찾게 되며 예술작품은 창조적 행위의 결과물이 되는 것이지요.

남과 똑같지 않은 내 나름이 있다면 그것은 다름 때문이며 그 다름이 하나의 아름다움이 된다는 말입니다. 그렇게 볼 때 '아름답다'의 '아름'은 '다름'이며 이것은 내 나름의 '나름'이기도 합니다. 아름-다름-나름 그리고 이제 여름입니다.

자연 안에 사랑이

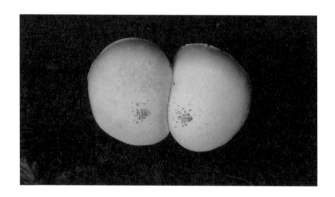

우주와 그 가운데 만물을 지으신 하나님께서는 천지의 주재시니 [⋯].

사도행전 17:24

밤새 퍼부은 소낙비로 주위가 물에 휩싸였습니다. 들리는 건 온통 물소리뿐입니다. 가락재 전체가 물에 떠 있는 방주와도 같습니다. 아침에 밖에 나가보니 이렇게 어여쁜 작품이 만들어져 있네요. 자연이 보낸 선물입니다.

자연 안에 있는 것이 자연스러움입니다. 나무도 꽃도 개구리와 풀벌레도 나비와 새도 자연 안에 있어야 자연스럽습니다. 하늘은 비를 내리고 내린 비는 아래로 흘러가고 그 물기는 바람을 타고 온 홀씨를 품에 안고는 이렇게 멋들어지게 키우네요.

우리가 이런 작품을 만들려면 얼마큼의 공을 들여야 할까요? 그저 자연입니다. 그냥 자연스러움입니다. 자연스러움이 아름다움이고 사랑스러움이고 멋스러움입니다. 자연은 타고난 본연本然의 자유로움입니다.

자연스러움의 반대말은 부자연스러움이며 고집스러움입니다. 또한 억지이며 역리입니다. 그래서 순천자안順天者安이며 역천자위逆天者危라는 말이 나왔는가 봅니다. 편안의 '안'이고 위태로움의 '위'입니다. 자연은 천, 우주, 곧 하늘이며 그 하늘을 주재하는 분이 바로 우리가 고백하는 하나님, '하늘에 계신 우리 아버지'입니다. 그리고 그분은 사랑입니다.

그 사랑이 이렇게 꽃처럼 열매처럼 피고 맺었습니다. 자연 안에서 말입니다.

물로 하나인 세상

땅이 혼돈하고 공허하며 흑암이 깊음 위에 있고 하나님의 영은 수면(물) 위에 운행하시니라.

창세기 1:2

창세기 1장의 '물'에 대한 기록은 최초의 창조 사건인 '빛' 이전에 나오는 말입니다. 빛과 어둠이 나누어진 다음 날의 일은 온 천지의 물을 어떻게 할 것인가 하는 것이었습니다. 그래서 물 사이에 궁창을 두어 윗물과 아랫물로 나누고 아래 땅의 물을 한 곳으로 모아 바다를 이루게 하였습니다. 그런 점에서 역사적으로 최초의 치수治水 사업자는 하나님이셨습니다. 물이 넘치면 홍수이고 물이 없으면 기갈입니다. 수분이 너무 많아 제습기를 사용하고 수분이 너무 없어서 가습기를 이용합니다.

장마라는 말에 걸맞게 올해는 길고 지루한 비의 연속입니다. 비 내리는 날을 좋아하고 개울로 흐르는 물을 무척이나 좋아하는 나도 이제는 그만 비가 왔으면 좋겠다는 말을 중얼대며 제습기 통에 가득찬 물을 하루에도 몇 번씩 변기통에 쏟아붓습니다. 그동안 멀쩡하던 집도 여기저기에 누수 현상이 나타나기 시작했습니다. 처음 가락재에 터를 닦고 집을 지을 때 골짜기에 하도 물이 많아 곤욕을 치렀는데 그 뒤로는 별 탈 없이 지내다가 30년 지난 지금 건물의 수명이 다한 건가 생각이 들 정도입니다.

적절한 수분이 따라주어야 생명체가 유지됩니다. 동물이든 식물이든 마찬가지입니다. 건물도 배관 설비를 잘해야 하고 마을이나 도시도 물을 잘 받아들이고 잘 흘려보내야 합니다. 과유불급이란 무엇보다 물을 두고 말하는 것이 아닌가 합니다. 태초에 하나님이 하셨던 전 우주적 치수 사업을 본받아 온 나라가 함께 온 세상의 물 문제를 잘 다루었으면 좋겠습니다. 세계 최대의 댐인 중국의 싼샤댐이 무너지면 그 영향이 제주 근역의 바다에도 미친다고 하네요. 물이야말로 우리가 사는 이 세상이 하나임을 보여주는 가장 좋은 증거일 겁니다. 남이든 북이든, 동이든 서든, 대륙 세력이든 해양 세력이든. 이제 그만들 싸우고 모두 함께 물을 잘 다루는 데 힘을 썼으면 좋겠습니다. 하나의 지구, 하나의 세상, 하나의 물입니다. 지금도 하나인 그 물 위에 하나님의 영이 운행하고 계십니다.

나무가 자라나면

강 양쪽에는 열두 종류의 열매 맺는 생명나무가 있어서, 달마다 열매를 내고 그 나뭇잎은 민족들을 치료하는 데 쓰입니다.

요한계시록 22:2

30년 전에는 가락재 빈터마다 묘목을 열심히 심었습니다. 등나무, 느티나무, 소나무, 떡갈나무, 은행나무, 벚나무, 주목, 대추, 포도, 살구, 자두, 복숭아, 핀 오크, 메타세쿼이아, 호두 그리고 여러 단풍들이 '더불어 숲'을 이루고 있습니다. 이제는 '가락재 숲'이라고 해도 될 만합니다. 2~3년생 어린나무의 나이테는 서른 개가 넘었고 10~20년생은 40~50개가 되었습니다. 그런데 이 나무들이 집들과 가까이서 자라다 보니 점점 집을 덮어옵니다. 특히 이번 태풍 하이선이 올 때는 춘천을 통과한다는 예보에 아무래도 위험하다는 생각이 들어서 안채 앞을 버티고 있던 두 개의 나무를 베어냈습니다. 벚나무와 떡갈나무입니다.

나무를 심는 일도 쉬운 일이 아니지만 큰 나무를 톱으로 베어내는 일도 적잖이 어렵습니다. 사다리도 타야 하고 제법 높은 가지 위에도 올라가야 합니다. 10여 미터 자란 나무는 3~4층 건물에 해당될 정도로 높습니다. 나무 둥치가 잘리면서 떨어질 때 다칠 수 있기에 여간 조심스러운 게 아닙니다. 이번에도 아슬아슬한 순간이 있었지요. 천만다행으로 잘 넘어갔습니다.

아들과 함께 두 그루 나무를 잘랐을 뿐인데 집 앞에 나무둥치와 가지와 잎들이 가득 쌓였습니다. 한겨울 땔감으로 충분하리만치 나무는 참 많은 것을 내어주는군요. 잎이며 가지며 열매며 둥치며 그야말로 아낌없이 말입니다. 어린나무가 자라면 이렇게 주고 또 내어주네요. 흙도 덮어주고, 새들과 다람쥐와 이방객 청설모에게도 나누어주고, 집주인뿐 아니라 이웃 사람들에게도 가리지를 않습니다. 나무가 자라면 그렇듯이 사람도 그러하겠지요. 나이가 들고 지위가 오르고 힘이 생겨도 내어주지 못하는 것은 아직 덜 자란 탓이고요. 영성이란 우리 신앙인들이 나무가 자라듯 그렇게 자라는 과정에서 나온다고 봅니다. 계시록의 그 생명나무처럼 그렇게 말입니다.

수국 이야기

믿음과 선한 양심을 가지라. 그런데 어떤 이들은 이 양심을 저버림으로써 믿음에 있어서 파선하였느니라.

디모데전서 1:19

수국을 심은 지는 꽤 오래됐습니다. 철 대문 안쪽으로 큰 바위 옆에 심어놓았습니다. 꽃이 없어도 첫해는 그러려니 했습니다. 여러해살이꽃이니까 겨울을 잘 날 것이고 봄이 되면 새싹과 더불어 꽃망울을 터뜨리리라 기대했습니다. 그리고 해마다 잎사귀에 줄기에 녹색 빛이 진하게 감돌았습니다. 그런데 그것으로 다였습니다. 꽃이 없는 수국은 호두 없는 호두과자였지요. 그런 기간이 십여 년……. "이놈의 수국은 어찌 꽃 한 번도 피지 않는 거야!"

연실 투덜대다가는 지난 늦가을 그중에 한 뿌리를 시험 삼아 사랑채 안쪽으로 옮겨 심어보았습니다. 겨울을 지나면서 모조리 자취를 감추었던 잎과 줄기가 봄이 되니 싱싱하게 올라오고 있었습니다. 그 정도야 저 아래서도 늘 그래왔으니까 대견스러운 일은 아니었지요. 그런데 이번에는 줄기 한쪽으로 무언가 다른 게 다닥다닥 붙어 있었습니다. 이게 뭐지? 수국이 이렇게 아름다운 꽃인지는 예전에 미처 몰랐습니다. 십여 년 만에 본 것이라 더욱 그러했습니다.

우리 모두 터 닦고 살아가는 이 땅에 여러 자리가 있습니다. 이 자리 저 자리, 그런데 그게 다 제자리는 아닙니다. 내 자리는 따로 있는 거지요. 그 자리를 찾은 사람이 행복한 것이지요. 밥풀이 귀한 것이지만 제자리를 찾지 못하고 입술 언저리에 붙어 있다면 우스꽝스러울 뿐……. 그런 모습이 지금 우리의 교회와 국회가 아닌가 여겨집니다. 자주색, 파란색, 붉은색, 백색 등 여러 종류 가운데 보랏빛 수국의 꽃말은 '진심'이랍니다. 교회는 진심으로 하나님과 이웃을 사랑하고, 국회는 진심으로 나라와 민족을 사랑하는 이들의 모임이었으면 좋겠습니다.

7월과 시저

가이사의 것은 가이사에게 바치고 하나님의 것은 하나님에게 바치라.

마태복음 22:21

여름철이 6월에서 시작되어 8월까지라면 7월은 여름 한가운데에 해당되는 달입니다. 7월은 영어로 'July'인데 이 말은 주전 1세기 로마의 영웅이었던 시저(Julius Caesar)의 이름에서 따온 것이라고 합니다. 시저에 관한 일화들이 지금까지 전해 내려오는데 '루비콘강을 건넜다', '왔노라, 보았노라, 이겼노라(Veni, vidi, vici)', '브루투스, 너마저?' 등의 말이 나오지요. 실제로 그가 이런 말을 남겼는지는 모르겠으나 셰익스피어의 희곡이나 이후에 나온 몇 편의 영화를 통해서 알려진 것이라고 봅니다. 아무튼 시저라는 인물을 빼놓고는 서구 유럽의 역사를 말할 수 없겠지요. 로마 제국의 상징이었던 '독수리'는 독일의 나치 시대를 거쳐 오늘의 미국에까지 이어지고 있다는 게 사실입니다. 의미가 같든 다르든 말입니다.

예수 시대는 시저가 죽고 난 다음 옥타비아누스를 이은 티베리우스(재위 AD 14~37) 황제 때와 중첩됩니다. 그 당시 유대 나라에서는 로마의 영향권 아래 유대 화폐와 함께 로마의 화폐도 사용했다고 합니다. 그들이 사용하는 로마 동전 데나리온에는 'Caesar'라고 새겨져 있었지요. 시저 때 만들어져 그럴 수도 있겠으나 '케사르' 또는 '시저'라는 호칭은 어느 한 사람을 가리키는 고유명사를 넘어서 로마 황제를 뜻하는 보통명사로 쓰였던 겁니다.

로마 황제에게 인두세를 바쳐야 하나 말아야 하나에 대해 예수께서 대답하기를 요청받은 적이 있습니다. 이는 바리새파 사람들이 그를 책잡기 위한 올무였습니다. 그 질문은 우리에게도 중요한 물음입니다. 즉 시저가 꿈꾸었던 나라와 예수가 꿈꾸었던 나라에 대한 것입니다. 결코 같을 수 없는 이 두 나라 간의 차이를 잃어버리면 교회는 중세의 이른바 기독교 왕국(Christendom)으로 변질될 것입니다. 최근 지인으로부터 소개받은 책이 『포스트 크리스텐덤 시대의 한국 기독교』(장동민 지음)입니다. 우리는 'Julius Caesar'라는 7월을 폭염 속에 보내면서 동시에, 예수님이 꿈꾸었던 '하나님의 나라'에 대한 뜨거운 갈망을 가질 수 있는 계절 그 한가운데 있습니다.

개울의 개울다움

시끄러운 너의 노랫소리를 나의 앞에서 집어치워라! 너의 거문고 소리도 나
는 듣지 않겠다. 너희는 다만 공의가 물처럼 흐르게 하고 정의가 마르지 않는
강처럼 흐르게 하여라.

아모스 5:23-24

올여름은 예년에 비해 비가 적었습니다. 가뭄으로 농작물 피해가 컸고 저수지가 마르고 댐의 수위가 점점 줄어들어 걱정이 많았습니다. 집 앞에 개울이 있으나 제구실을 못 하니 지나다니며 답답하기만 했지요.

정말 오랜만에 비다운 비가 흠뻑 내렸습니다. 그저 하룻밤 내렸는데도 사방에서 들려오는 물소리가 어찌나 우렁찬지 듣기만 해도 시원하고 또 시원합니다. 개울의 물이 늘 이렇게 흘러내리면 얼마나 좋을까 싶습니다. 어젯밤은 여느 밤과 달리 활짝 연 창문으로 머리를 두고는 개울의 물소리를 들으며 잠이 들었습니다. 아침에는 그 개울을 따라 오르며 풍성한 계곡을 누렸습니다. 길을 따라 내려오면서 신영복 교수의 『담론』에 나오는, 간디가 말한 '나라를 망치는 일곱 가지 사회악'이 떠올랐습니다.

원칙 없는 정치(Politics without principle)
노동 없는 부(Wealth without work)
양심 없는 쾌락(Pleasure without conscience)
인격 없는 교육(Knowledge without character)
도덕 없는 경제(Commerce without morality)
인간성 없는 과학(Science without humanity)
희생 없는 신앙(Worship without sacrifice)

한 나라의 흥망성쇠가 부국강병에만 있는 것은 아니라는 말이지요. 개울다운 개울처럼 우리나라도 원칙, 노동, 양심, 인격, 도덕, 인간성, 희생, 이렇게 착하고 아름다운 물들이 흐르고 또 흘렀으면 좋겠습니다.

쉼표는 숨표입니다

실로 내가 내 영혼으로 고요하고 평온하게 하기를 젖 뗀 아이가 그의 어머니
품에 있음 같게 하였나니 내 영혼이 젖 뗀 아이와 같도다.

시편 131:2

한 학생이 국어 과목 수업시간에 책을 읽다가 그만 숨이 막혀 죽었답니다. 이유를 알고 보니 그 책에 '쉼표'가 없었다는군요. 철 지난 개그이지만 처음 들을 때는 재미있었습니다. 글에는 여러 표시가 있지요. 따옴표, 물음표, 느낌표, 쉼표 그리고 마침표가 있습니다. 알고 보면 책 한쪽에 인생이 있는 셈입니다.

어릴 때는 남이 한 얘기를 인용하며 살다가 좀 더 크면 거기에 의문을 제기하기 시작하지요. 가슴으로 느끼며 산다는 게 얼마나 중요한지는 한참 커서야 알게 되지요. 그러다가 언젠가는 삶을 마치게 됩니다. 책을 읽을 때뿐 아니라 살아 있는 동안에 꼭 필요한 것이 바로 쉼표입니다. 쉼표는 여기에서 한 번 숨을 쉬고, 숨을 고르고 가라는 표시이기 때문입니다. 언제 쉴지, 어디에서 쉴지를 아는 것이 삶의 지혜입니다.

중국 화가 여죽계余竹溪의 시 한 수를 전하고 싶습니다.

> 한가해야만 물과 대나무, 구름과 산의 주인이 될 수 있고
> 고요해야만 바람과 꽃, 눈과 달을 누릴 수 있다.
>
> (閑爲水竹雲山主 靜得風華雪月權)

하나님이 창조하신 대자연을 누리는 한가함과 고요함.
여름휴가를 이런 마음으로 보내면 좋겠습니다. "참 아름다워라 주님의 세계는" 하고 찬송이 저절로 나오는 곳에서 하루 이틀이라도 말씀과 함께 관상觀想의 시간을 가질 수 있으면 좋겠습니다. 하나님의 신비를 영적인 감각으로 바라보는 시간 말입니다.

작은 텃밭이니까요

[…] 사람은 무엇을 심든지, 심은 대로 거둘 것입니다.

갈라디아서 6:7

다섯 평도 채 되지 않는 작은 텃밭이지만 거기서 뿜어 나오는 힘은 결코 작지 않습니다. 상추는 벌써 여러 번 뜯어 먹었고, 가지는 아기 팔뚝만 하게 자랐습니다. 파프리카는 어른 주먹만큼 컸습니다. 고추와 방울토마토는 이미 30배를 넘어 60배의 열매를 맺어가고 있습니다.

5월에 심은 채소 모종이 아래로 뿌리를 내리고 위로 가지를 뻗더니 7월의 뜨거운 햇살을 듬뿍 받으며 잘 자라고 있습니다. 잎이며 줄기며 열매로 수북한 채소밭이 이제 여러 이웃에게 기쁨을 주기 시작했네요. 작은 텃밭이 주는 큰 기쁨입니다.

이런 큰 기쁨을 위해서 늘 큰 것만 필요한 것은 아닐 것입니다. 물론 큰 것이 주는 큰 기쁨이 있지만 큰 것으로 작은 기쁨밖에 누리지 못하는 경우도 있지요. 작은 것에서 작은 기쁨을 얻기도 하지만 작은 것이 주는 큰 기쁨을 누리며 사는 사람들이 세상에는 얼마든지 있습니다.

이런 작은 텃밭을 우리 마음속에 하나씩 가지고 살았으면 좋겠습니다. 작지만 이웃에게 큰 기쁨을 주는 텃밭 말입니다. 거기에 사랑의 모종을 심으면 됩니다. 기쁨, 화평, 인내, 친절, 선함, 신실, 온유, 절제의 모종을 심으면 됩니다.

그렇게 어렵지만은 않습니다. 작은 텃밭이니까요. 때가 되면 열매를 맺을 거예요. 이웃에게 기쁨이 되는 열매 말입니다.

백련

드러내려 하지 않고는 숨긴 것이 없고 나타내려 하지 않고는 감추인 것이 없
느니라.

마가복음 4:22

연꽃을 본다
백련白蓮을 본다
그 순백을 본다.

연꽃을 보면서 불상을 떠올리고
연꽃을 보면서 연밥 생각도 하지만
오늘 나는 연꽃을 보면서 연근蓮根을 본다.

보이지 않지만 보이는 것을 보이게 하는
그 숨음을, 근원을, 원천을 본다.

드러나는 것과 드러나지 않는 것
나타나는 것과 감추어진 것
가시성 비가시성.

백련의 순백
그 아래
진흙 속의 어둠
그 검은
뿌리를 본다.

능소화의 꿈

[…] 살든지 죽든지 내 몸에서 그리스도가 존귀하게 되게 하려 하나니 이는 내게 사는 것이 그리스도니 죽는 것도 유익함이라.

빌립보서 1:20-21

목련을 좋아하는 사람이 있습니다.

큰 나무에서 피는 꽃으로 그만한 것이 또 없습니다. 모양이며 색깔이며 크기며 탐스러움에 따라갈 꽃이 없을 정도입니다. 그러나 필 때와 달리 질 때의 모습에서 실망하는 사람도 있지요.

벚꽃을 좋아하는 사람이 있습니다.

일본 황실 꽃이지만 그 원산지가 제주도라 하여 한국인에게 더욱 사랑받는 꽃이 되었습니다. 피어 있을 때의 아름다움도 그렇지만 질 때의 모습에서 그 본면목이 드러납니다. 바람과 함께 사라지지요.

무궁화를 좋아하는 사람이 있습니다.

일 년 중 가장 더운 여름 한 철에 피고 지고 또 피어 은근과 끈기의 한국인 기질에 딱 어울리는 꽃. 낮에는 피어 있다가 밤에는 오므라들기를 몇 번, 생을 다하고 마지막 떨어질 때는 스스로 그 꽃잎을 돌돌 말아 마무리를 깔끔하게 잘 정리하는 꽃이지요.

능소화를 좋아하는 사람이 있습니다.

붉은 꽃이 줄기와 한 몸을 이루어 하늘로 뻗쳐오르다가 그 절정의 상태에서 과감하게 땅으로 떨어짐이 장렬하기까지 합니다. 필 때의 모습과 질 때의 모습이 한결같아서 마치 지기 위해 피는 꽃 같습니다. 제때 잘 죽기 위해 오늘을 사는 사람이 있다면 바로 능소화의 꿈이 아닌가 합니다.

논골의 벼

이삭이 그 땅에서 농사하여 그해에 백 배나 얻었고 여호와께서 복을 주시므로 […].

창세기 26:12

설악면과 위곡리를 처음 안 것은 1975년도 군 생활을 하면서였고, 두 번째로 여기를 찾은 것은 1989년이었습니다. 40년 전에는 사방으로 둘러싸인 산과 가난한 사람들이 보였고, 25년 전에는 골짜기의 논들이 보였습니다. 푸른 하늘 아래서 누렇게 익어가는 벼를 품에 담고 있는 너른 논이 그렇게 아름다울 수가 없었습니다.

지금은 그 논들이 택지로 바뀌었지만 아직도 여기저기 논이 남아 있어 옛 정취를 물씬 풍겨줍니다. 가락재 땅에 처음 지은 안채도 실은 언덕배기의 다랑이논 자락이었지요.

이 마을 저편 골짜기는 '논골'로 불리고 있습니다. 논골이란 말도 참 듣기 좋습니다. 산골짜기의 비탈진 돌짝밭을 일구어 논으로 가꾸고 물을 대고 그 이름이 논골로 불리었을 때의 기분이 어떠했을까 상상해봅니다.

우리에게 있어 논의 의미는 엄청난 것이지요. 다름 아닌 밥 때문이기도 합니다. 밥을 하늘이라고까지 하는데 그 밥의 원료가 쌀이고 그 쌀을 만들어주는 터전이 바로 논 아니겠습니까?

그래서 우리네는 밥 한 톨의 의미를 중시했습니다. 밥풀처럼 꽃 피는 밥나무들도 그렇게 이름을 지었습니다. 이팝나무, 조팝나무 말입니다. 생명의 양식이 여기 논에서 시작되었다는 이야기입니다.

지금 논골의 벼들이 저마다 꽃대에 이삭을 매다느라 뜨거운 햇볕 아래 온 힘을 다 쏟고 있습니다.

목마름

하나님, 사슴이 타도록 목말라 시냇물을 찾듯 내 영혼이 주님을 찾아 애태웁
니다. 내 영혼이 하나님, 곧 생명의 하나님을 갈망하니 언제 내가 나아가서
하나님을 뵈올 수 있을까요?

시편 42:1-2

우리가 살고 있는 이 지구는 태양계에 속한 한 작은 별임이 확실합니다. 태양에서 뿜어내는 열기에 온 땅이 뜨겁게 달구어지고 있습니다. 엄청난 더위에 모두들 어쩔 줄을 몰라 합니다. 여름이 더운 것은 당연하지만 열기가 이렇게 오랜 기간 계속되는 경우는 처음이 아닌가 싶습니다. 폭염으로 온열질환자가 늘어나고 축사의 닭과 오리가 집단으로 폐사하고 있다는 보도입니다. '타는 목마름으로'라는 말이 그 어느 때보다 실감나는 때입니다.

초여름이던 어느 날 집 앞 개울가에 웅크리고 있는 짐승이 눈에 띄었습니다. 새끼 고라니였습니다. 어미는 어디로 가고 이 녀석이 홀로 애처러운 모습을 하고 있는 겁니다. 모임을 함께하던 분이 우연히 발견하고는 혹시나 살아 있는지 아니면 죽었는지를 살피고 있었습니다. 얼마 있다가 다시 가보니 개울 주위를 조심스레 오다니며 물을 핥습니다. '사슴이 시냇물을 찾기에 갈급함 같이'라는 시편의 성구가 떠올랐습니다.

요즘 같은 더위에 마실 물이 없다면 그 갈증이 어떠하겠습니까? 애타게 물을 찾는 처지가 남의 일만은 아닐 것입니다. 타는 목마름으로 시냇물을 찾는 사슴이 있습니다. 타는 목마름으로 민주주의를 애타게 기다리는 사람들도 있었습니다. 이를 노랫가락에 담아서 목 놓아 부르는 열창가도 있었고요. 올림픽 경기에서 선수들은 금메달에 목말라 합니다. 그동안 흘린 땀만큼이나 목말라 하겠지요. 이를 지켜보는 가족이나 국민들도 마찬가지입니다. 또한 우리는 이러한 목마름으로 하나님을 찾는 사람들이기도 합니다. 우리가 영혼을 가진 존재이기에, 우리 인간이 영적 존재이기에 하나님에 대한 당연한 목마름입니다. 목마름은 '살아 있음'에 대한 증거입니다.

견과 관

내가 산을 향하여 눈을 들리라 나의 도움이 어디서 올까.
시편 121:1

'견見'과 '관觀' 두 글자 모두 '보다'는 뜻이지만, 관은 새의 눈으로 보는 것을 말합니다. 사람의 눈높이에서 사물을 보는 것이 아니라 높이 앉은 새의 자리에서 좀 더 멀리 바라보는 것이지요. 여기에서 관점觀點이라는 말이 생겨났나 봅니다. 건축물에 대한 그림으로 조감도鳥瞰圖가 있는데 이 또한 새의 높이에서 보여주는 것으로, 아래서는 보이지 않는 집 전체를 조망眺望하고자 하는 것입니다. 이를 영어로 'bird's-eye view'라고 하는데 한자와 영어 표현 방식이 똑같네요.

이런 이야기를 하는 것은 최근에 작은 공간이 하나 생겼기 때문입니다. 가락재의 건물 가운데 먼저 지어진 안채 뒤뜰에 필로티piloti 공법으로 철골을 짜 올려서 방을 앉혔습니다. 지붕 위 5미터의 높이에서 바라보는 뷰 포인트view point가 생긴 셈입니다. 그동안 안채 거실에서 앞산을 바라보던 것과 또 다른 전경이 눈에 들어옵니다. 근경, 중경에 이어 새로운 원경을 얻은 것이지요. 공사비용을 다 맡아준 분의 아호를 따서 방 이름을 '수국修菊'으로 지었습니다.

같은 산이라도 어디서 바라보느냐에 따라 다르고 또한 어느 자리에서 산을 보느냐에 따라 산의 경관이 다양하게 눈에 들어옵니다. 견이 있고 관이 있습니다. 식견이 있고 관점이 있습니다. 어느 자리에 서 있는가에 따라 달라질 수 있을 겁니다. 앞으로 이 방을 이용하는 분들이 '봄'의 차원을 높이는 계기가 되었으면 좋겠습니다. 그래서 이 세상을 바라보는 '눈'이 확 달라졌으면 참 좋겠습니다.

가을

탄성

여호와 우리 주여, 주의 이름이 온 땅에 어찌 그리 아름다운지요!!!

시편 8:9

늘 지나다니는 길이었는데 어제까지 보이지 않던 하얀 별이 내려앉은 듯 어여쁜 꽃들이 한순간 눈에 들어왔습니다. 와~! 내 입에서 이런 소리가 나온 것이 얼마 만이었던가. 아마 내 귀도 놀랐을 겁니다. 이 꽃 이름이 뭐더라? 휴대폰으로 사진을 찍어보니 '으아리'라고 나옵니다.

방에 들어와 그 이름이 뜻하는 바를 알아봤습니다. 아마도 '와'라는 감탄사에서 비롯된 것은 아닐까 하는 글이 올라와 있습니다. '와'에서 '으와' 그리고 '으아'로, 거기에 접미사를 붙여서 '으아리'가 되었다네요. '리 리 리 자로 끝나는 말'은 많이 있지요.

어떤 경우에 우리 입에서 이런 말이 나올까요? 높은 가을 하늘을 보면, 검푸르게 너른 바다나 들판의 양 떼를 보면, 또는 밤하늘의 쏟아지는 별들을 보면 이런 말이 절로 나오곤 하지요. 신기한 광경이나 그림 앞에서 또는 어떤 역사적 사건의 현장에서도 이런 말이 튀어나올 수 있습니다. 또 그런 것 말고도, 일상에서 어떤 신비함을 느낄 때도 탄성을 토하게 됩니다. 길가의 작은 풀꽃 한 송이에도, 그리고 죽은 줄 알았는데 다시 푸른 잎으로 살아나는 화초를 바라보면서도 마찬가지입니다. 곧 경이로움에 대한 반응이지요.

이런 경이로움과 신비의 실재를 하나님으로 고백할 수 있다면 이것 또한 '영성'의 중요한 과정일 겁니다. 이른바 보통명사인 하느님을 고유명사인 하나님으로, 그리고 그다음 단계로서 '하나님!'으로 부르는 과정 말입니다. 오 하나님! 와 하나님! 으아 하나님! 여름의 끝자락에서 내가 믿고 고백하는 하나님을 이렇게 감탄사로 부르면서 가을을 맞이하고 싶습니다.

도토리 키 재기

그러니까 눈이 손더러, '나는 네가 필요하지 않다'고 말할 수 없으며, 또 머리
가 두 발더러, '나는 너희가 필요하지 않다'고 말할 수 없습니다.

고린도전서 12:21

우드득 떨어지는 소리에 고개를 돌려보니 참나무들이 도토리를 하나둘 떨구고 있습니다. 길고 긴 여름이 가고 이제 가을이 왔다는 신호인가 봅니다. 사랑채 바깥 마루 여기저기에 나뒹구는 도토리 몇 알을 주워 유리 탁자 위에 올려놓았습니다. 도토리 하면 이어서 떠오르는 말이 먼저 '도토리묵'이고 다음은 '도토리 키 재기'입니다. 묵을 쑤기에는 너무 적고, 키나 한번 재어볼까 몇 개를 붙여봅니다. 그야말로 도토리 키 재기입니다. 그런데 이 녀석들이 내게 말을 걸어 옵니다. '사람들은 참 이상하다. 니들이 버릇으로 하는 걸 왜 우리들에게 시키는가 말이다. 우리는 그럴 생각이 전혀 없거든?'

우리가 키 재기에 시달려온 건 사실입니다. 어릴 때면 너 나 할 것 없이 집 안 구석 한곳에 키가 얼마나 컸는지를 표시해놓곤 했지요. 나무의 나이테처럼 연필로 그어지는 줄은 두 달 또는 세 달의 자람을 나타내는 것이었고요. 지금도 아래층에는 손녀딸의 키가 날짜와 함께 그어져 있습니다. '98.5 9.1' 앞의 숫자는 키이고 뒤의 숫자는 날짜입니다. 면 소재 어린이집의 사랑반 아이들 여덟 명 가운데 우리 아이의 키가 몇 번째인지는 온 가족이 다 알고 있을 정도입니다.

가을을 알려주는 우리 도토리들을 탁자 위에 올려놓고는 막상 도토리들은 하지도 않는 그놈의 키 재기를 시키면서 오히려 우리 도토리를 우스개로 삼는 그 짓은 이제 그만하라는 말이 들려옵니다. 사실 그놈이 그놈입니다. 가진 놈이나 못 가진 놈, 배운 놈이나 못 배운 놈, 잘생긴 놈이나 못생긴 놈, 다 도토리 키 재기입니다. 그러니 그런 비교의 시달림은 이제 그만두라는 것이지요. 높은 하늘에서 보면 우리는 다 도토리들입니다.

벌개미취

그러나 이제 야곱아, 너를 창조하신 주께서 말씀하신다. 이스라엘아, 너를 지
으신 주께서 말씀하신다. '내가 너를 속량하여 불렀으니 너는 나의 것이다.'

이사야 43:1

여름에서 가을로 접어드는 길목을 지키는 꽃들이 있습니다. 산이나 들판 또 개울가에서 누구 하나 심고 돌보는 이 없어도 절로 자라 제 몫을 잘하고 있는 꽃, 벌개미취와 쑥부쟁이와 구절초입니다. 이제 그 바통을 국화나 코스모스에게 넘겨주려는 듯 목을 길게 빼고 다음 주자들을 기다리고 있습니다. 언뜻 들국화나 산국山菊으로 보이지만 자세히 보면 다른 점이 뚜렷합니다. 벌개미취는 취나물과 비슷한 잎을 가지고 있는 보라색 꽃입니다. 쑥부쟁이는 쑥을 닮은 잎을 지닌 흰 꽃으로 한국 특산종이고요. 영어 표현으로 코리안 데이지korean daisy라고 하지요. 구절초九節草는 말 그대로 아홉 마디의 줄기를 뜻하며, 단오에는 다섯 마디, 9월 9일에는 아홉 마디로 자란다고 해서 붙여진 이름이랍니다.

쑥부쟁이와 구절초를 구별하지 못하면서 들길을 걸어다닌 자신을 '무식한 놈'이라고 말하는 안도현 시인이나 "내가 그의 이름을 불러주었을 때/그는 나에게로 와서 꽃이 되었다"라고 노래한 김춘수 시인도 떠오릅니다. 풀 한 포기, 꽃 한 송이마다 이에 딸린 이름이 있고 이 이름을 부르는 일의 의미는 곧 사람의 의미, 나의 의미이기도 합니다. 그런 뜻으로 내 이름을 불러주는 사람이 있고 그 이상의 뜻으로 내 이름을 부르는 하나님이 계십니다. 하나님은 나의 이름을 부르는 존재입니다.

물봉숭아

땅에서는 진실이 돋아 나오고 하늘에선 정의가 굽어보리라.

시편 85:11

구월의 하얀 구름이
눈물 되어 떨어져
연분홍 꽃잎이 되었나 보다
물봉숭아

말라가는 잎사귀들
사이로 뒤늦게 물 머금고는
이제사 피어오름은
손녀딸 손톱 끝의
그 바알간 물을 위해서인가
애처롭게 매달려 있다

화려하지도 않아
천박하지도 않아
풋풋한 소박함이
꼬옥
우리 아이 새끼손가락을 닮았다

구월의 가을엔
하얀 푸르름이 있고
눈물이 있고
물봉숭아의 사랑스러운
분홍빛 사연이 있다

쉼과 묵상

수고하고 무거운 짐진 자들아, 다 내게로 오라. 내가 너희를 쉬게 하리라.
마태복음 11:28

독일에서 온 목회자 여섯 분이 한국을 다녀갔습니다. 그 가운데 네 분은 동독 출신이라고 합니다. 한국 교회와 통일문제에 관심을 갖고 열흘 동안 덕수교회, 영락교회, 부천 새롬교회, 송악교회, 모새골 등을 방문하면서 그분들의 표정이 놀라움과 감동으로 이어졌다고 합니다. 북한 선교에 대한 열정, 지역 사회를 섬기는 작은 교회의 힘, 교우들의 헌신과 뜨거운 새벽 기도는 한국 교회의 특징으로 충분히 다가왔을 것입니다. 그럼에도 불구하고 우리에게 부족한 것이 있다면 그것은 쉼과 묵상일 것이라는 말도 덧붙였다는군요. 가락재에서 한국 방문 일정을 마무리했으면 하는 연락을 받은 것도 이 때문이 아닌가 싶었습니다.

지난주에는 주일 설교를 다섯 번 해야 할 만큼 바쁘게 목회하는 목사님 부부가 여러 날을 쉬고 갔습니다. 학위 논문을 준비하는 분, 신학교 입시를 앞두고 있는 분, 진한 아픔을 겪고 있는 가정이 쉼을 얻고 갔습니다.

힘들게 보이는 얼굴이 편안함으로 바뀌는 모습을 지켜보는 기쁨이 남다릅니다. 자살률 세계 2위가 북한이고 3위가 남한이라는 최근 WHO 통계를 보며 '쉼과 묵상'이 새로운 의미로 다가옵니다. 그리고 가락재 사역을 자리매김해 봅니다.

한가위같이 분주한 명절에 집안 어른의 이 한마디는 얼마나 큰 위로가 되던가요? "애야, 쉬엄쉬엄해라!"

거미의 집

게으른 자여, 개미에게로 가서 그 하는 것을 보고 지혜를 얻으라.
잠언 6:6

어렸을 때 들은 이야기입니다. 영국 철학자 베이컨의 말인데요, 이 세상에는 거미형의 사람, 개미형의 사람, 꿀벌형의 사람이 있다는 것이지요. 거미형은 있어서는 안 되는 '이기주의' 인간의 전형이고, 개미형은 있으나 마나 한 '개인주의' 인간의 전형이며, 꿀벌형은 꼭 필요한 '이타주의' 인간의 전형이라는 것입니다. 거미가 이기주의 인간의 모습을 보이는 것은 일도 하지 않고 잠만 자다가 거미줄에 걸려든 곤충을 잡아먹기 때문이라는 겁니다. 이 말은 어디까지나, 전형적인 사람 중심의 판단이긴 합니다만, 그렇다고 하더라도 거미가 집을 짓는 과정을 자세히 살펴본다면 전혀 다른 생각이 들 것입니다.

거미의 집은 참으로 특이합니다. 집의 모든 재료를 제 몸 안에서 나오는 분비물로 해결한다는 것입니다. 더욱 특이한 점은 집의 기초와 벽면 그리고 지붕을 모두 하나의 줄로 이어서 평면으로 처리한다는 것이지요. 입체의 평면화! 이것은 어쩌면 피카소가 시도했던 큐비즘의 원조인지도 모르겠습니다. 현대 미술사의 획기적 변혁으로 한 평면 안에 다양한 입체를 담는 일이 그렇다면, 거미의 집이 바로 그렇습니다. 거실이며 침실, 부엌이며 화장실이 모두 평면 안에 있습니다. 일터와 쉼터 그리고 놀이터도 다 한 평면 구조 안에서 해결됩니다. 줄 하나를 이렇게 길게 이어서 집을 건설하는 경우는 또 없지 않나 싶습니다. 그 어떤 첨단 건설 기술 공법으로도 이렇게까지는 하지 못할 겁니다.

미술이나 음악 또는 건축 등의 예술이 자연을 따라 하는 일에서부터 시작하여 이를 넘어서고자 온갖 시도를 하고 있으나 그 소재는 여전히 자연에서 찾고 있지요. 거미의 집은 우리가 기존의 건축을 뛰어넘는 새로운 변혁을 낳게 하는 모티프를 제공하고 있다는 생각입니다. 꿀벌이든 개미든 거미든 가릴 것 없이 우리가 배울 수 있는 점은 하나님의 창조 세계에서 아직도 얼마든지 찾아볼 수 있습니다.

원학야소

[…] 내 멍에를 메고 내게 배워라. 그러면 너희는 마음에 쉼을 얻을 것이다.

마태복음 11:19

사랑채의 1층 도서관 책꽂이 맨 위에 '願學耶穌'라는 글귀가 쓰인 현판이 있습니다. 풀이하면 '예수를 배우기 원한다'는 뜻입니다. 내 어린 시절부터 아버님의 서재에 걸려 있었던 것인데 그대로 물려받은 셈입니다. '願信耶穌' 즉 '예수를 믿기 원한다'라고도 할 수 있었을 텐데 그리하지 않고, 예수님을 배움의 대상으로 생각하는 점에 큰 의미를 두고 싶네요.

우리의 신앙은 나사렛 예수가 하나님의 아들임을 믿고 그분을 메시아, 곧 그리스도로 고백하는 일에서 비롯됩니다. 그래서 신앙고백은 '나는 믿습니다'로 시작됩니다. 이것이 신앙생활의 초석이지요. 그러나 이것이 신앙의 전부는 아닙니다. 다음 단계인 '나는 배웁니다'로 이어져야 합니다.

불신앙에서 신앙으로 가는 일만큼, 믿음의 단계에서 배움의 단계로 가는 일이 중요합니다. 예수님을 믿음의 대상뿐 아니라 배움의 대상으로 여기는 것입니다. 배운다는 것은 예수님의 가르침과 그분의 삶을 배우며 따르는 일입니다.

그분을 잘 믿도록 하는 일 못지않게 그분을 잘 배우도록 하는 일이 필요한 시대입니다. '믿음 좋은' 그리스도인보다 '배움 좋은' 그리스도인이 귀하게 여겨지는 세상이기 때문이지요.

마중물 한 바가지

그대는 동산의 샘, 생수가 솟는 우물, 레바논에서 흘러내리는 시냇물이어라.

아가 4:15

수도 시설이 지금처럼 잘 되어 있지 않던 시절, 집 안의 우물과 펌프는 식수를 제공하는 유일한 수단이었습니다. 우물물을 두레박으로 퍼 올리는 것은 번거롭고 힘든 일이었습니다. 손잡이를 위아래로 '올렸다 내렸다'를 몇 번 반복하면 샘물이 연이어 퀄퀄 흘러나왔지요. 이런 펌프질을 위해서는 먼저 물 한 바가지를 채워 넣었는데, 그 물이 있어야 아래의 물을 품어 올릴 수 있기 때문입니다. 이른바 마중물입니다.

어떤 사람이나 물 한 바가지를 필요로 할 때가 있고, 어떤 사람이나 남에게 건네줄 물 한 바가지는 지니며 살지요. 결정적일 때 그런 물은 우리의 삶에 있어서 이른바 '생수'가 됩니다. 이를 통해 해갈의 기쁨, 해원의 만족, 해소의 감동이 일어납니다. 마중물이 해결사 역할을 해주는 겁니다.

마중물 한 바가지가 깊이 있는 지하수를 끌어 올리듯이, 그런 물을 서로 나눌 수 있는 모임이라면 아름다운 공동체가 되겠지요. 진정한 영적 공동체라면 서로에게서 깊은 곳에 감추어진 보화를 캐내주며 그 기쁨을 함께 나누는 모임일 테니까요. 나는 너에게 그리고 너는 나에게 한 바가지 마중물이어라!

사랑의 밤

어느 때나 하나님을 본 사람이 없으되 만일 우리가 서로 사랑하면 하나님이
우리 안에 거하시고 그의 사랑이 우리 안에 온전히 이루어지느니라.

요한일서 4:12

지난 월요일에 지역 교회 목사님 한 분이 이곳을 다녀갔습니다. 저와 아내가 집을 비운 탓에 도서실에서 혼자 한나절을 보내고 가면서 "쉼과 숨을 잘 얻고 갑니다"라는 문자를 보내왔습니다.

다음 날 저녁 도서실 앞을 지나는데 유리 탁자 위에 예쁜 십자가가 눈에 띄었습니다. 주운 밤으로 둥근 원을 만들고 그 안에 십자가를 넣은 모형이었습니다.

누가 이렇게 해놓았을까 돌아보았습니다. 낮에 다녀간 청년들을 떠올려보다가 "혹시 목사님 작품인가요?" 하고 문자를 보냈습니다.

이어서 온 답. "맞습니다. 어떻게 아셨어요……. 밤이 토실토실 굵어서 몇 개 주워보다가 예수님의 사랑을 표현해보았습니다. 참! 목사님, 밤 좀 주세요. 아내가 밤을 무척 좋아하거든요……."

그리고 그다음 날 아내가 주위에 떨어진 알밤을 주워 담아 사모님께 선물로 보낸 또 하나의 작품입니다.

가을에는 겸손하게 하소서

너희 안에 이 마음을 품으라. 곧 그리스도 예수의 마음이니 […].

빌립보서 2:4

지혜를 구하는 이는 자신의 어리석음을 알기 때문이고
진실을 찾는 이는 자신의 거짓을 알기 때문이고
하나님을 바라는 이는 자신의 죄를 느끼기 때문이고
영성을 추구하는 이는 자신의 부족을 깨닫기 때문입니다.

성찰하는 사람의 머리는 저 들녘의 벼 이삭입니다.
푸르름이 누르름으로
설익음이 무르익음으로
그 꼿꼿하던 고개가 숙여지기 때문입니다.

밤도 떨어지고 도토리도 떨어지는 계절
너도 가고 또 나도 가야 하는 계절
흙에서 와서 흙으로 돌아가는 계절

가을에는 겸손하게 하소서.
이 가을에 다시 겸손하게 하소서.

제때 잘 떨어짐으로

[…] 너희가 욥의 인내를 들었고 주께서 주신 결말을 보았거니와 […].

야고보서 5:11

봄의 새싹이 긴 여름철을 푸른 잎으로 보내고 이제 단풍으로 옷을 갈아입는 것은 결국 떨어지기 위함입니다. 가을의 열매도 떨어짐으로 한 해를 마감합니다. 밤이건 도토리건 또 사과건 배건 감이건 열매가 맺혀 가지의 끄트머리에 달리는 까닭은 떨어지기 쉽도록 하기 위함입니다.

떨어져야 할 때 떨어지지 않고 끝까지 매달려 있는 잎이나 열매는 추해 보입니다. 가을은 이렇게 '떨어짐의 의미'를 사색하도록 하는 계절이 아닌가 합니다. 저네들은 뭘 믿고 저리도 뚝뚝 잘 떨어지는지 밤송이가 부럽습니다.

떨어지지 않고 어찌 거둘 수 있으며,
떨어지지 않고 어찌 씨를 얻을 수 있으며,
떨어지지 않고 어찌 다시 뿌려질 수 있나요.

오곡백과, 한가위의 풍성함도 다 이런 열매 떨어짐의 결과이지요. 결과結果는 결실結實이며 결국結局이며 결말結末입니다.

낙과도 추락도 아닌 제때 잘 떨어지는 끝맺음이 아름답습니다. 곧 떨어짐의 미학입니다.

가을 소리

귀 있는 자는 성령이 교회들에게 하시는 말씀을 들을지어다.

요한계시록 2:7

봄에는 봄의 소리가 있고 여름에는 여름의 소리가 있듯이 가을에는 가을의 소리가 있습니다. 눈을 감고 두 귀를 모으면 계절을 느끼도록 하는 여러 소리들이 들립니다. 낮에는 도토리와 밤톨이 떨어지는 소리가 들리더니 가을 비가 그치고 저녁이 되면서 풀벌레 소리가 가까이 다가옵니다. 좀 더 마음의 귀를 열면 구름이 지나가는 소리도 들리고 밤하늘의 별들이 저 멀리서 속삭거리는 소리도 들려옵니다. 설악산이나 내장산의 단풍으로만 계절을 느끼는 것은 아닙니다. 가을은 소리이기도 하니까요.

자연에는 여러 소리가 있지요. 물소리와 새소리 그리고 바람 소리도 있습니다. 우리의 전통 가락을 판소리라고 하며 그냥 줄여 '소리'라고 하는 데는 자연의 소리를 닮고자 하는 뜻이 있지 않나 생각됩니다. 그런가 하면 사람 사는 세상에도 여러 갈래의 소리가 있습니다. 기쁨과 즐거움의 소리도 있고 고통 가운데 울부짖는 탄식의 소리도 있습니다. 눈에 꺼풀이 있는 데 반해 귀에는 그런 장치가 없는 걸 보면 '들음'에 대한 선택권이 내게 있지 않기 때문이 아닌가 합니다. 골라서 들으려 하지 말고 들리는 대로 들으라는 것인가 봅니다.

나이가 들어 먼저 노환이 찾아오는 곳이 귀라고 합니다. 눈으로 먼저 오기도 하지만 생활의 불편함 정도로 따졌을 때 귀가 더 문제되는 게 사실입니다. 눈의 문제는 나 자신에게 국한되지만 귀의 문제는 타인과의 관계를 어렵게 하게 마련입니다. 그런데 내 몸의 귀가 점점 닫힐수록 내 마음과 영혼의 귀는 열려갈 수 있습니다. 하나님의 말씀과 예수님의 말씀은 육신의 귀로 듣는 것은 아니지 않습니까? 성령님의 소리는 오히려 멀쩡한 내 두 귀가 닫힐 때 들리는 것이 가능하기 때문이지요.

참 열매

믿음 안에서 참 아들 된 디모데에게 편지하노니 […].

디모데전서 1:2

같은 믿음을 따라 나의 참 아들 된 디도에게 편지하노니 […].

디도서 1:4

감나무에서는 감이 열리고 밤나무에서는 밤이 열립니다. 배나무에서는 배가 열리고 사과나무에서는 사과가 열립니다. 그러나 뽕나무에서는 뽕이 열리지 않고 오디가 열리지요. 참나무에서는 도토리가 열립니다. 보통 과실수의 이름은 거기에서 나오는 열매의 이름을 따서 붙이게 마련인데 뽕나무와 참나무는 그렇지 않습니다. 아마도 열매의 비중이 다른 나무보다 비교적 낮기 때문이겠지요. 뽕나무의 효용은 누에를 키우는 잎에 있고, 참나무의 가치는 땔감이나 숯의 가치에 있다는 말입니다.

우리 옛 어른들이 '참'이란 말을 그냥 붙이지는 않았지요. 아무렇게나 붙이는 말은 '개'입니다. (개들에게는 퍽 미안하지만) 개살구, 개비름, 개질경이, 개오동 등이지요. 이에 비해 깨 중의 깨인 참깨, 기름 중의 기름 참기름, 돔 중의 돔 참돔. 또 참다랑어라고 하지요. 따라서 나무 중의 나무이기에 참나무입니다. 참나무의 열매는 별로 크지 않습니다. 그 가운데 졸참나무의 열매는 더 작습니다. 오죽하면 작고 보잘것없이 보일 때 도토리만 하다고 놀리잖아요. '참'의 가치는 그 크기에 있는 것 같지는 않습니다.

그런데 참나무의 열매를 왜 '참'이라 하지 않고 도토리라고 했을까요? 참의 의미를 독점하지 않고 다른 나무들과 공유하고자 한 뜻은 아닐까요? 모든 나무가 참의 열매를 맺을 수 있다는 가능성 또는 개방성입니다. 그저 모든 나무들이 다들 제 나무의 제 열매를 제대로 영글게 하면 된다는 게지요. 곧 어느 나무의 열매나 다 참 열매를 맺을 수 있다는 겁니다. 제 나무에 제 열매가 제대로 영근다면 모든 열매는 참 열매가 될 것입니다.

저 집이 있음으로

나사로 때문에 많은 유대인이 가서 예수를 믿음이러라.
요한복음 12:11

우리나라의 도시나 마을에는 산으로 끝나는 이름이 많습니다. 지역 이름을 붙일 때 자연조건이나 특성에 따라 평지에는 '주州'란 말을 붙이고, 높은 언덕에는 '산山', 강이나 바닷가에는 '천川'이나 '진津', '포浦'를 붙였습니다. 여주, 전주, 경주, 청주가 그렇고 부산, 마산, 울산, 일산이 그렇고 춘천, 이천, 노량진, 삼랑진, 마포, 목포가 그렇습니다.

산지의 비율이 70퍼센트가 되어 지명에 산 이름을 많이 쓰고 있음에도 불구하고 우리는 산보다는 언덕 아래 평지나 강가에 집을 짓고 살아온 것이 사실입니다. 굳이 높은 산을 주거지로 택할 까닭이 없었겠지요. 어릴 때 기억으로 산어귀에는 '입산금지'라는 팻말이 붙어 있기도 했고요.

산에 집을 짓고 산을 본격적인 생활공간으로 이용하기 시작한 것은 얼마 되지 않습니다. 도시 근교의 야산에도 집을 짓도록 허가해주면서 이런저런 집들이 들어서기 시작한 지는 20여 년 된 것 같습니다. 산 아래 마을에서 산위 마을로의 변화는 우리의 주거문화에서 획기적인 사건이 될 수도 있을 겁니다. 벌거숭이산이 숲 울창한 산으로 바뀌고, 그 산에 집이 하나둘씩 보이더니 점차 마을이 생겨나고 있습니다. 이른바 '산 위의 마을'이네요.

여기저기 새로 들어서는 집들을 보면서 "저 집이 있음으로 주위 산이 더 아름다워지는구나!" 하는 느낌을 갖습니다. 물론 그 반대의 경우도 있지요. 그리고 이런 집은 때로 사람으로, 때로 교회로 바꾸어 생각해보려 합니다. '저 사람이 있음으로' 또는 '저 교회가 있음으로' 하고 말입니다.

농 신학 연구소

나는 참 포도나무요, 내 아버지는 농부라.

요한복음 15:1

해 아래 새것이 없다고 하지만 그럼에도 새로움을 향한 시도는 그 자체만으로도 우리를 새롭게 할 수 있습니다. 또한 그 어떤 새것도 알고 보면 옛것에 바탕을 두고 있다는 것도 사실입니다. 그래서 온고지신溫故知新이라는 말이 나오게 되었겠지요. 이를 드러내는 대표적 예증이 '농'이란 말이 아닐까 합니다. 농사, 농업, 농부, 농민 등 농이란 글자가 들어가는 말만큼 새로울 것 전혀 없게 느껴지는 말도 또 없을 겁니다. 그런데 이 구태의연하게 여겨지는 '농農'에다가 '신학'을 넣어 '농 신학'이라고 말해보니 새롭게 다가오는 그 무엇이 있습니다.

우리 그리스도인들이 참 좋아하는 성경 구절이 시편 23편이지요. 지나간 세월이기는 해도 "여호와는 나의 목자시니 내게 부족함이 없으리로다"로 시작되는 나운영 작곡의 찬양만큼 사랑을 받은 노래도 별로 없었을 겁니다. 그런데 목축업을 하는 이스라엘 사람들과 달리 우리는 농경문화에 익숙합니다. 따라서 하나님을 농부로 비유하는 것이 더 적합하지 않을까 생각합니다. 예수님도 하나님을 농부로, 자신을 포도나무로, 그리고 제자들을 가지로 이야기하셨지요. 농부이신 하나님을 더 가까이 느끼려면 조그마한 텃밭이라도 일구면서 살아야 하지 않을까요. 주경야독晝耕夜讀이라는 말이 있지요. 한 손에는 책을 그리고 다른 손엔 호미를 들고, 책 냄새와 흙냄새를 함께 맡으며 사는 이들이야말로 행복할 것입니다.

'농'을 끌어안고 몇십 년 동안 씨름해온 분들이 있습니다. 이들이 연구소를 창립하고 이번에 처음으로 '한국 농신학 연구회 심포지엄'을 엽니다. 이분들은 이 신학을 코로나 시대의 복음으로, 코로나 시대의 영성으로, 코로나 시대의 목회로 당당하게 제시하고자 합니다. 언덕 고을이라는 뜻을 지닌 강원도 원주에서 11월 3일에 열립니다. 소박하게 시작되는 모임이 나중에 창대하게 될지 아직 알 수 없지만, 무엇보다 대를 잘 이어가기를 바라는 마음입니다.

화和의 계절

여러분이 할 수만 있다면, 모든 사람들과 평화롭게 지내십시오.

로마서 12:18

초가을 저녁, 경기도 양평에 자리한 국수교회 드림터에서 〈오르겔 이야기〉가 펼쳐졌습니다. 오르겔('파이프 오르간'의 독일어)을 짓는 마이스터인 홍성훈 선생의 열세 번째 제작 기념 연주였는데 오르겔의 이름을 우리의 전통 '산수화'로 지었다는 점이 이채로웠습니다.

이번 연주회는 우리의 소리를 내는 오르겔을 처음으로 시도한 연주회라 합니다. 오르겔이 대금과 만나고 또 피리와도 조화를 이루며 하나님의 창조와 은총을 노래합니다. 우리 정서를 담은 한국 악기가 찬양을 위해 만들어진 서양 악기를 만나 어우러지니 우리 정서로 찬양하는 영성의 새로운 세계가 열리는 듯합니다.

초가을은 화和의 계절입니다. 차가움과 따뜻함이 화를 이루고 초록과 단풍이 화를 이룹니다. 하늘의 푸른빛과 구름의 흰빛의 어울림도 이때가 더욱 두드러집니다. 화는 화음和音이고 화성和聲이고 화목和睦이고 화평和平이고 화친和親입니다. 글자를 들여다보면 벼(禾)에 입(口)을 붙인 말입니다. 벼는 밥의 재료이고 입은 밥이 들어가는 입구입니다. 벼는 밥이 됨으로써 또 입은 그 밥을 먹음으로써 화和가 이루어진다는 말이겠지요.

서로가 서로에게 밥이 되고 또 그 밥을 함께 나눌 수 있다면 이것이 천당의 이미지 아니겠습니까? 이 밥을 한 상에 둘러앉아 먹고 마시는 가정. 이 밥을 거룩함에 담아 먹고 마시는 교회가 바로 천당일 테니까요.

은행나무 숲

다 사도이겠느냐, 다 선지자이겠느냐, 다 교사이겠느냐, 다 능력을 행하는 자
이겠느냐, 다 병 고치는 은사를 가진 자이겠느냐, 다 방언을 말하는 자이겠
느냐, 다 통역하는 자이겠느냐.

고린도전서 12:29-30

한 손에 몇 그루라도 쥐어지는 작고 가늘고 어린 은행나무 백여 그루를 심은 것은 1990년대 중반의 일입니다. 한곳에 모여 있던 나무들을 사방으로 흩어지게 하여 울타리를 이루도록 한 것은 2000년 초의 일이고요.

그 나무들이 이렇게 위로 또 옆으로 자라 커다란 울타리를 이루었을 뿐 아니라, 제법 숲의 모양새를 갖추었습니다. 그 전부터 있던 뽕나무와 밤나무와도 더불어 짝을 이루고 있는 나무들이 대견스럽습니다. 가을이 되어 노란 은행잎으로 온 언덕을 물들이고 있네요.

나무가 숲을 이루어가는 과정을 20여 년 곁에서 지켜보면서 참으로 사람보다 낫구나, 나보다 낫구나 하는 생각이 듭니다. 숲은 나무들이 이룬 나무 공동체입니다. 어떤 나무라도 여럿이 모이면 쉽게 숲 공동체를 이룹니다. 같은 종류의 나무들은 같은 대로, 다른 종류의 나무들은 다른 대로, 저마다의 개성을 드러내면서 다른 개성들을 존중하면서 말입니다. 참나무 숲이나 소나무 숲이나 잣나무 숲은 어디서나 대할 수 있지요. 여러 종류의 나무들이 이룬 숲도 얼마든지 있고요.

우리가 함께 공동체를 이루면 그 혜택이 다시 자신에게로 골고루 돌아갈 터인데 왜 그게 그리도 어려운지 모르겠습니다. 우리들에게는 말입니다.

루터의 심정으로

보라 그의 마음은 교만하며 그 속에서 정직하지 못하나 의인은 그의 믿음으로 말미암아 살리라.

하박국 2: 4

복음에는 하나님의 의가 나타나서 믿음에서 믿음으로 이르게 하나니 기록된 바 오직 의인은 믿음으로 말미암아 살리라 함과 같으니라.

로마서 1: 17

금년 시월 끝 주일엔 대부분의 개신교가 루터의 종교 개혁 500주년을 기념합니다. 1517년 10월 31일은 비텐베르크 대학 부설 교회 정문에 95개 항의 반박문을 내건 날입니다.

그날 이후 500년 동안 기독교에는 어떤 일이 일어났을까요? 그리고 기독교 초기 이래 1500년 동안은 어떠했을까요? 교회는 예수 그리스도를 주님으로 고백하며 그분의 가르침과 삶을 따르겠다는 사람들이 이룬 공동체인데, 처음의 그 뜻은 사라져버리고 왜 껍데기만 남게 되는 것일까요?

영국의 위클리프, 체코의 후스, 스위스의 츠빙글리, 프랑스의 칼뱅 등 이른바 교회 개혁자들이 성서를 번역하고, 교리의 문제를 지적하고, 제도를 개선하고자 한 것은 오직 '처음의 그 뜻'을 새롭게 하기 위함이었지요. 곧 예수님의 가르침과 삶을 따르는 일입니다.

지금도 성경적 복음의 가르침을 떠나 교리와 제도와 자신이 속해 있는 집단을 고집하며 이를 절대화하는 이들이 있다면 그들이야말로 개혁의 대상입니다. 95개의 반박문이 걸려야 할 벽면이 그들의 교회 게시판이며, 그들의 예배 순서지이며, 그들의 가슴일 것입니다.

오늘도 개혁의 대상들이 교회 개혁 500주년 기념의 주체가 되어 이런 모임 저런 모임을 이끌어가는 모습을 보며 적반하장賊反荷杖의 비애를 느낍니다. 루터의 심정으로 말입니다.

나의 신앙고백

내 백성이 두 가지 악을 행하였나니 곧 그들이 생수의 근원인 나를 버린 것
과 스스로 웅덩이를 판 것인데 그것은 그 물을 가두지 못할 터진 웅덩이들이
니라.

예레미야 2:13

성경에는 다양한 형태의 하나님에 대한 칭호가 담겨 있습니다. 목자, 피난처, 힘, 도움, 반석, 요새, 산성 등의 호칭은 부르는 이들의 신앙고백이기도 합니다. 예수님도 하나님을 아바 아버지라고 불렀습니다. 신학자 가운데 폴 틸리히는 하나님을 '존재의 근거'라고 했고 판넨베르크는 '미래의 힘'이라고 했습니다. 나는 하나님을 '생명의 원천'으로 고백하며 기도합니다.

가락재에서 사용하는 대부분의 물은 서쪽 산언덕의 샘터에서 솟아 나오는 물입니다. 그 물을 호스로 연결하여 땅속의 물탱크에 저장하고 필요할 때 양수기로 뿜어 올려 사용합니다. 신통하게도 그 물은 아직까지 마른 적이 없습니다. 더운 여름 가뭄이나 추운 한겨울 동절기 때나 그침 없이 흐릅니다.

이 물줄기의 근원을 보며 곧 생명의 근원도 이렇지 않을까 생각합니다. 마르지 않고 그치지 않고 흘러나오는 생명의 근원으로서의 하나님, 이것이 하나님을 생명의 원천으로 부르게 되는 까닭입니다.

언덕길을 오르내리며 하나님의 존재감을 이렇게 느끼며 오늘 하루도 살아갑니다.

젖은 낙엽

오늘 있다가 내일 아궁이에 들어갈 들풀도 하나님께서 이와 같이 입히시거
든 [⋯].

마태복음 6:30

올가을 들어 부쩍 비가 자주 내립니다. 〈가을 비 우산 속〉이라는 노래의 가사가 떠오르곤 하네요. 비에 젖은 가을 잎사귀에 바람이 몰아치면 우수수 낙엽이 사방으로 흩날리다가 어느새 수북하게 쌓입니다. 대비를 가져다가 쓸어버릴라치면 이 녀석들이 서로 달라붙어 잘 쓸리지 않습니다. 힘들게 낙엽을 치우다가 문득 떠오른 글귀입니다. 엊그제 받은 고교 동기 카톡 방의 글을 그대로 옮겨봅니다.

"젖은 낙엽은 되지 말자. 일본의 주부들은 직장에서 정년퇴직을 하고 집 안에 죽치고 들어앉은 늙은 남편을 '오치누레바'라고 부른다. 마른 낙엽은 산들바람에도 잘 날아가지만 젖은 낙엽은 한번 눌어붙으면 빗자루로 쓸어도 땅바닥에 달라붙어 떨어질 줄을 모른다. 이 말은 집 안에서 정년퇴직 후의 늙은 남편을 부인이 밖으로 쓸어내고 싶어도 착 달라붙어 떨어지지 않으니 부담스러운 존재라는 뜻이며 당사자인 노인들에게는 심히 모욕적인 표현이다."

비단 나이 든 노인들만의 이야기는 아닐 겁니다. 누구라도 그런 하잘것없는 귀찮은 존재가 될 수 있을 겁니다. 그러나 중요한 것은 이를 대하는 마음가짐입니다. 쓸모없는 인생이라는 푸념으로 끝날 수도 있지만 발상의 전환을 가져올 수도 있습니다. 나는 이렇게 하렵니다. 젖은 낙엽을 쓸어버리지 않고 그대로 두겠습니다. 스스로 젖은 낙엽임을 인정하겠습니다. 그리고 이 낙엽들을 사진으로 찍거나 화폭에 담겠습니다. 시나 소설의 제목으로 삼아 글을 써보겠습니다. 사라지거나 죽어가는 것들을 소재로 해서 작품을 남기겠습니다. 거기에 이렇게 제목을 달겠습니다. '젖은 낙엽이 되자!' 해마다 이맘때면 우리 마음에 깊이 와 닿는 이브 몽땅의 샹송 〈고엽〉도 '죽은 낙엽(Les Feuilles Mortes)'에 대한 것이 아닌가요?

새 둥지 형의 교회

[…] 주의 제단에서 참새도 제 집을 얻고 제비도 새끼 둘 보금자리를 얻었나
이다. 주의 집에 사는 자들은 복이 있나니 그들이 항상 주를 찬송하리이다.

시편 84:3-4

몇 년 전 가을 2층 베란다에서 화분을 치우다가 우연히 발견한 새의 둥지입니다. 봄철에서 여름 지나 가을까지, 화분을 놓아둔 자리 안쪽에 그동안 어미 새와 아비 새가 열심히 지어놓은 보금자리였습니다.

자세히 들여다보면 나뭇가지를 얼마나 잘 사용했는지 놀랍습니다. 튼튼하고 큰 가지를 밖으로 두르고는 점차 작은 것들을 들여놓다가 안쪽은 아주 작고 연한 가지들을 채워 넣었습니다. 이렇게 튼튼하고 푹신하게 잘 지은 집에서 태어나 키워졌으니 잘 자랐겠지요.

만삭의 큰딸이 곧 태어날 아기를 위해 아기 침대며 유아차며 베이비시트며 이런저런 유아용품들을 정성스레 준비하는 것을 보면서 한 생명이 태어나 자라나는 데 얼마나 많은 사랑이 쏟아지는가를 새삼 느낍니다.

어린 생명을 위해 보금자리가 필요하듯이 우리의 영혼을 위해서도 보금자리가 필요하지요. 이런 보금자리 이미지로서의 교회 건물은 어떨까요. 교회는 바로 그런 곳이니까요.

중세의 고딕 양식 또는 비잔티움 양식과 함께 방주형 교회, 산성형山城型 교회, 체육관형 교회 등이 있지만 이런 두 개의 둥근 형태로 교회 건물을 지어 우리 영혼의 안식처로 사용하게 된다면 좋지 않을까요.

이른바 '새 둥지 형의 교회'입니다. 건물의 규모와 형태는 바로 그 교회 교인의 신앙 색깔의 표증입니다. 욕심으로 잉태된 웅장하고 화려한 교회는 이제 그만 지었으면 좋겠습니다.

가을이 더 아름다운 집

나는 선한 싸움을 싸우고 나의 달려갈 길을 마치고 믿음을 지켰으니 이제
후로는 나를 위하여 의의 면류관이 예비되었으므로 주, 곧 의로우신 재판장
이 그날에 내게 주실 것이며 내게만 아니라 주의 나타나심을 사모하는 모든
자에게도니라.

디모데후서 4:7-8

이곳을 찾는 이들을 계절로 구별할 수 있습니다. 휴가철인 여름에는 주로 대학생이나 청년들이 수련회 장소로 이곳을 찾습니다. 겨울에는 신학교에서 영성 신학을 가르치는 교수가 학생들과 함께 옵니다. 봄과 가을에는 개인이나 아니면 삼삼오오의 팀을 이루어 방문합니다.

개인으로 이곳을 가끔 찾는 한 자매와 문자를 주고받던 중에 이런 글을 받았습니다. "가락재는 가을이 더 아름다워요." 사람에 따라 어느 한 계절을 더 좋아할 수 있겠지만 같은 장소라도 계절에 따라 그 맛과 멋이 다를 수 있겠지요.

시골 마을 뒷동산은 봄에 더 어울릴 것 같고, 지중해를 품에 안고 있는 파란 지붕의 하얀 예배당은 여름에 더 어울릴 듯하고, 도시 한가운데서 너른 뜰로 사람들을 맞는 고궁은 가을철이 제격일 듯싶고, 깊은 산 고즈넉한 산사山寺는 겨울 풍경이 제맛일 것 같습니다. 가락재는 어떤지요?

유아기에서 청소년기와 장년기를 거쳐 노년기에 이르는 인생을 계절에 비유하여, 봄에서 시작하여 여름을 지나고 가을에 무르익고 겨울로 접어든다고 할 수 있겠습니다.

그렇다면 어떤 사람이든 나름대로 각자의 전성기가 있을 겁니다. 어린 시절 특출함을 보이는 사람, 학창 시절에 두각을 나타내는 사람, 장년기를 훌륭하게 보내는 사람, 그리고 노년기에 더욱 그 진가眞價를 드러내는 사람. 연못에 떨어진 단풍잎을 사진 찍으며 '인생의 가을이 더 아름다운 사람'을 떠올려봅니다.

들음과 울림

사무엘이 이르되 말씀하옵소서, 주의 종이 듣겠나이다 하니 여호와께서 사무엘에게 이르시되 내가 이스라엘 중에 한 일을 행하리니 그것을 듣는 자마다 두 귀가 울리리라.

사무엘상 3:10-11

가뭄의 끝을 알리려나 며칠째 내리는 가을 빗소리를 들으며 말씀을 묵상합니다. "말씀하옵소서. 주의 종이 듣겠나이다." 어린 사무엘의 그 쫑긋한 귀를 갖고자 기도합니다.

자연의 소리, 요즘 같은 가을의 소리를 들으며 창조의 영성을 키워가고 싶습니다. 이웃의 소리, 그들이 아파하는 소리를 들으면서 진정한 이웃 사랑의 영성을 키워가고 싶습니다. 하나님의 소리, 이 시대를 향한 계시의 소리를 들으며 예언자의 영성을 키워가고 싶습니다.

무슨 소리가 들리는가, 또 그 소리를 어떻게 듣고 있는가 하는 것으로 그의 사람됨이, 그리고 그의 영성의 색깔이 묻어나는 게지요. 소리가 소리로 끝나지 않고 그 소리가 내 안에서 울림으로 다가올 때 또 그 울림이 삶으로 이어질 때 제 나름의 영성이 생겨나는 것이겠지요. 그래서 영성은 들음이고 울림이고 삶입니다.

역사 교과서 문제로 말미암아 우리 민족은 또 이렇게 좌-우로 나누어지네요. 나라는 나라대로 지역은 지역대로 학교는 학교대로 교회는 교회대로 말입니다. 좌든 우든 그들이 듣고 있는 소리와 그에 대한 울림, 그리고 이어지는 삶의 진정성이 있다면 무엇이 그리 큰 차이가 있을까요? 좌우지간 우리나라의 현대사는, 예 그러네요, 곧 좌우지간左右之間의 문제네요. '좌'의 가치와 '우'의 가치를 주장하는 사람들 '사이'의 문제이지요.

우리는 언제가 되어야 '좌'란 말과 '우'란 말을 좀 더 편하게 쓸 수 있게 될까요. 오른손 왼손 쓰듯이 그렇게 말입니다.

만추晚秋는 만추滿秋입니다

생명으로 이끄는 문은 너무나도 좁고 그 길이 험해서 그곳을 찾아오는 사람
이 별로 없다.

마태복음 7:14

늦가을이 되면 먼저 떠오르는 것은 이만희 감독의 〈만추〉라는 영화입니다. 〈아리랑〉, 〈마부〉, 〈오발탄〉과 함께 한국 영화사에 큰 자취를 남긴 영화였지요. 수년 전에 같은 제목으로 영화가 나왔는데 김태영 감독이 중국 여배우 탕웨이를 주연으로 하여 만들었고요. 늦은 가을을 보내는 우리들의 마음은 무언가 다릅니다. 계절을 탄다고 말할 때의 그런 감성, 특히 가을을 탄다고 할 때의 민감성, 예민함입니다.

그런데 저는 만추라는 말을 들으면 늦가을이란 뜻보다는 왠지 가을이 가득 차 있다는 느낌이 더 다가옵니다. 윤동주의 시 「별 헤는 밤」에 나오는 "계절이 지나가는 하늘에는 가을로 가득 차 있습니다"라는 시구 때문인가 봅니다. '가을'과 '가득하다'는 말은 사실 서로 상반되는 내용을 지녔습니다. 가을, 특히 늦은 가을은 가득함보다는 비움과 어울리는 말입니다. 초록이 황톳빛으로 변색되어 다 떨어지고 나면 텅 빈 기분에 무언가 썰렁하게 느껴지는 것이 당연하니까요. 그럼에도 불구하고 가을이 가득하다는 말은, 비움이 가득하다 또는 비움으로 가득 채운다는 일종의 역설적 표현입니다. 이런 역설을 시인은 어릴 적부터 몸으로 감성으로 터득하고 있었던 게지요. 그래서 만추晚秋는 만추滿秋입니다. 이 만추의 계절에 역설의 진리를 가르치신 예수님의 비유가 그 어느 때보다 더 잘 다가옵니다.

'자기를 높이는 사람은 낮아지고 낮추는 사람은 높아질 것이다. 살려면 먼저 죽어야 할 것이고 가지려면 버려야 할 것이다. 하나님의 나라는 작은 겨자씨와 같다. 어린아이와 같지 아니하면 천국에 들어갈 수 없다. 가난한 사람이 복이 있다. 애통하는 사람이 복이 있고 핍박을 받는 사람이 복이 있다.'

외정내치

예수의 소문이 더욱 퍼지매 수많은 무리가 말씀도 듣고 자기 병도 고침을 받고자 하여 모여오되 예수는 물러가사 한적한 곳에서 기도하시니라.

누가복음 5:15-16

지난봄, 서울에 있는 남선교회에서 온 분들과 영성수련을 가졌습니다. 모임을 마치면서 돌아가며 소감을 말하는 가운데 어느 집사님이 가락재 영성원를 한마디로 정의해주었습니다. "외정내치外靜內熾"라고! 밖으로의 고요함 그 안에 치열함이 있다는 설명이었습니다.

그 말의 뜻을 간직하고 있던 차에 제주에서 목회하는 서성환 목사님의 배려로 나무 널 조각품 하나를 선물로 받게 되었습니다. 충청남도 부여에 사는 창강 박종선 선생님이 괴목에 음각으로 파서 만든 서각 작품입니다. 지난주 월요일에 택배로 받아 감사한 마음으로 정성스레 코이노니아 2층 거실 벽에 걸어놓았습니다.

첫발을 내딛는 아가의 몸짓에서,
외줄타기 곡예사의 몸동작에서,
하늘을 향해 날아오르는 새의 날갯짓에서,
이 땅에 하나님의 나라를 이루려는 열망에서,
먼저 그의 나라와 그의 의를 구하는 손길에서,
외정내치의 의미를 되새겨봅니다.

가락재 골짜기, 조용하고 고요하고 한적하고 때로 적막한 곳이지만 이런 치열함을 안고 살아갑니다.

십자가 기쁨

믿음의 주요, 또 온전하게 하시는 이인 예수를 바라보자 그는 그 앞에 있는 기쁨을 위하여 십자가를 참으사 부끄러움을 개의치 아니하시더니 하나님 보좌 우편에 앉으셨느니라.

히브리서 12:2

'가락재'는 영성원이 생기기 전부터 있었던 이곳의 지명이었습니다. '가락'이란 말에 언덕길을 뜻하는 '재'가 합쳐져 붙여진 우리말입니다. 여기에 '십자가를 기쁨으로 삼는 집 또는 십자가의 기쁨이 있는 집'이란 뜻에서 가락재架樂齋 영성원을 지었습니다. 십자가는 고통과 고난이지만 다른 한편으로 기쁨이기 때문입니다.

얼마 전 장로회신학대학교의 한 교수님을 만나 이야기하다가 마음이 움직여 십자가를 제작하게 되었습니다. 태풍에 쓰러진 나무가 있었는데 그냥 버리기에는 아까운 생각이 들어서 창고에 보관했던 것이 문득 떠올랐습니다.

30년쯤 된 느릅나무로 특히 껍질에 약효가 있다는 토종나무입니다. 그래서 긴 통나무를, 껍질은 그대로 두고 윗부분을 톱으로 켜서 수평 날개로 붙이고 틈새엔 검정과 붉은색 한지를 끼워 넣었습니다. 한 주간의 톱질과 대패질, 끌질, 사포질, 망치질을 거쳤습니다.

현재 가락재에 있는 십자가는 사랑을 붉은색으로, 기쁨을 나무색으로, 자유를 검은색으로 사용하고 있는데 어느 정도 맥을 같이한다고 할 수 있습니다. 수직인 하나님 사랑과 수평인 이웃 사랑의 일치라는 점도 같고요. 그동안 십자가를 만드는 기쁨으로 하루하루를 보낼 수 있었습니다.

모교인 장신대에 이를 기증할 수 있어서 감사하고 이 기도실을 사용하는 후배들에게 작은 선물을 줄 수 있어서 행복합니다. 누구라도 영성생활관 7층 작은 기도실에 가면 기쁨으로 만날 수 있을 겁니다.

종의 마음을 가진 종

주께서 사무엘에게 이르셨다. '너는 그의 준수한 겉모습과 큰 키만을 보아서
는 안 된다. [⋯] 사람은 겉모습을 따라 판단하지만, 나 주는 중심을 본다.'
사무엘상 16:7

서울에 있는 교회의 '후임 목회자 청빙 위원회' 열일곱 분이 가락재에 와서 수련의 시간을 가졌습니다. 내가 맡은 일은 '올바른 지도자'에 대한 것을 성경에서 찾아 읽고 묵상하며 이를 위해 함께 기도하는 것이었습니다. 사무엘이 이스라엘의 지도자를 세우는 과정을 좋은 예로 들었습니다. 첫째로 사울의 경우는 실패담이었고 둘째로 다윗의 경우는 성공담이었다고 할 수 있습니다. 이러한 결과를 가져오도록 한 핵심 구절은 사무엘상 16장에 나오는 대로 "사람은 겉모습만을 따라 판단하지만 하나님은 중심을 보신다"라는 말씀입니다.

50년에 가까운 기간에 두 분의 담임 목회자가 있었고 이제 3대 목회자를 모셔야 하는 상황에서 청빙을 책임 맡은 이들은 사무엘의 역할을 대신하는 것과 같다는 생각입니다. 그때나 오늘이나 사람을 보는 시각은 여전히 외모와 스펙입니다. '이왕이면 다홍치마'라는 말도 있듯이 이를 무시할 수는 없겠으나 문제는 그것 때문에 눈이 가리어져 바로 보아야 할 것을 제대로 보지 못하게 되는 위험이지요. 목회자는 영적 지도자인데 여기에 세속적 가치와 잣대가 앞서서는 아니 되겠지요.

빌립보서 2장에 나오는 말씀을 묵상하면서 마음에 와 닿는 단어나 구절을 나누며 기도하는 시간을 가졌습니다. '그리스도의 마음', '자기보다 남을 낫게 여김', '겸손', '성령의 교제', '다른 사람의 일', '같은 사랑', '한마음' 등이 이야기되었습니다. 그러는 가운데 청년부를 대표하는 위원이 말했습니다. 종소리를 들으면서, 쇠로 만든 종이 소리를 내기 위해서는 가운데를 비워야 한다는 사실을 통해 어떤 깨달음을 얻는다는 것이었습니다. '주의 종'도 종인데 이런 종의 마음을 가진 분이면 좋겠다는 것이었습니다. 청빙의 역할을 당회가 맡지 않고 남녀노소 다양하게 위원회를 구성하여 젊은이도 참가하고 또 그의 깨달음도 나눌 수 있어서 무엇보다 좋았습니다.

겨울

눈뫼골

내가 진실로 너희에게 이르노니 너희가 여기 내 형제 중에 지극히 작은 자에게 한 것이 곧 내게 한 것이니라.

마태복음 25:40

설악면雪岳面 눈뫼골에 눈이 내린다.

겨울에 눈이 내린다.
여름에 비가 내리고
가을에 낙엽이 내리는 것과는
달리
겨울에는 눈이 내린다.

기온이 내리고
체온이 내린다.
내림과 내림의
그 바닥에
구유가 있고
아기가 있다.

내림이 내려
쌓여가는 하얀 덮음으로
하늘과 땅과 사람이 하나가
된다.

나이가 드니
내려가기가 점점 더 힘들어지는데
설악면 눈뫼골에
하얗게
눈이 내린다.

메시아를 기다리는 사람들

그러나 너 베들레헴 에브라다야, 너는 유다인의 여러 족속 가운데서 작은 족
속이지만 이스라엘을 다스릴 자가 네게서 내게로 나올 것이다. 그의 기원은
아득한 옛날, 태초에까지 올라간다.

미가 5:1

메시아의 오심을 기다리는 예배를 드리면서 예배력으로서의 새해가 시작됩니다. "기쁘다 구주 예수 오셨네"라는 찬송에 앞서, 메시아가 오실 것이라는 약속을 믿고 이를 간절한 소망으로 기다리는 마음이 먼저입니다.

메시아 도래의 희망은 이스라엘 민족이 나라를 빼앗긴 주전 6세기경부터 시작되었습니다. 나라와 민족을 지키고 이끌어야 할 왕이 제대로 통치하지 못함으로, 하나님의 백성들은 온 세계로 떠돌며 고난 속에 살아야 했습니다. 그 고난의 백성 가운데 임한 계시가 곧 '앞으로는 하나님께서 직접 이 나라를 통치하실 것'이라는 약속입니다. 그 통치의 주인공이 임마누엘(이사야 7:14)이고 그가 태어날 곳은 베들레헴(미가 5:1)이라는 것입니다. 구약 성경은 이런 메시아 대망 사상을 배경으로 기록되었고, 신약 성경은 이것이 예수 그리스도로 완성되었다고 고백하는 책입니다.

따라서 오늘의 우리 기독교를 일컫는 크리스처니즘Christianism이라는 말은 그 뿌리를 메시아니즘Messianism에 두고 있습니다. 우리 그리스도인은 예수 그리스도 안에서, 예수 그리스도로 더불어, 예수 그리스도를 통하여 하나님의 통치를 경험하는 하나님의 백성인 것입니다. 하나님의 통치를 내 안에서 기대하고 받아들이며 그 통치가 내 가정과 내 나라에서 이루어지기를 바라는 이들이 곧 크리스천이지요.

우리가 그리스도인으로서 한 해의 첫 예배를 대림절로 시작한다는 것은 당연한 일입니다. 진정한 예배자들이라면 이런 통치를 바라고 경험하기 위해 몸과 마음을 준비해야겠지요. 하나님께서 메시아를 통해서 하고자 하는 그 통치가 이루어지는 곳이 바로 '하나님의 나라'입니다.

겨울 다음에 오는 계절

하나님이 모든 것을 지으시되 때를 따라 아름답게 하셨고 또 사람에게 영원
을 사모하는 마음을 주셨느니라.

전도서 3:11

도시의 아파트 생활과 달리 전원주택에서 사는 사람들에게는 겨울이 늘 걱정거리로 다가옵니다. 무엇보다 난방이 문제이지요. 넉넉한 경제 기반을 가진 이들은 예외이겠으나 일반적으로는 적은 양의 기름이나 장작으로 긴 겨울을 나야 하기 때문입니다. 너무 아끼려다 보면 수도가 얼기도 하고 심하면 동파의 위험마저 따릅니다. 겨울은 사람을 비롯하여 모든 생명체를 긴장하게 하는 계절임에 틀림이 없습니다.

겨울이 오면 풀은 시들어 말라버리고, 나무는 잎을 다 떨구고는 수액을 땅속의 뿌리로 내려 최소한의 수분만 유지하면서 가지가 얼지 않도록 해줍니다. 그런데 유독 따뜻한 털옷으로 두툼하게 갈아입고 겨울을 준비하는 봄철의 버들강아지 같은 봉오리가 있습니다. 목련 꽃봉오리랍니다. 아마 봄이 되면 잎보다 먼저 큰 꽃잎을 피워야 하기 때문인 모양입니다.

봄 여름 가을 겨울은 한 해를 넷으로 구별 짓는 가장 간략하고 자연스러운 개념이면서, 우리 인생 전체 시기를 구분하는 잣대가 되기도 합니다. 한 계절을 20년씩 나누어 1~20세는 봄철로, 20~40세는 여름철로, 40~60세는 가을철로, 그리고 60~80세는 겨울철로 생각해볼 수 있다는 겁니다. 봄을 준비하면 여름을 잘 보낼 수 있고, 여름을 준비하면 가을을 잘 보낼 수 있으며, 가을을 준비하면 겨울을 잘 보낼 수 있습니다. 그런데 겨울을 잘 준비하면 그다음은 어떨까요? 우리에게는 겨울 다음에 오는 계절이 또 있지 않나요. '영원'이라는 계절 말이지요.

겨울나무의 기다림

보아라, 동정녀가 잉태하여 아들을 낳을 것이니 그의 이름을 임마누엘이라고
할 것이다. 이를 번역하면 하나님이 우리와 함께 계신다는 뜻이다.

마태복음 1:23

나무를 작품으로 남긴 예술계의 두 거장이 있습니다. 한 분은 〈나무와 두 여인〉을 그린 박수근 화백이고 다른 한 분은 『나목裸木』으로 문학계에 등단한 박완서 작가입니다. 둘 다 겨울나무를 주제로 했다는 점이 이채롭습니다. 꽃도 잎도 열매도 다 떨구고 앙상한 겨울 가지로 남은 그래서 별로 아름다울 것도 또 이쁠 것도 없는 그런 나무를 작품의 소재로 삼았습니다. 죽어가는 고목으로 보이면서도 새날을 기다리는 나목의 숨어 있는 생명력을 그려냈다는 점이 놀랍습니다. 이 두 분은 6.25 전쟁통에 미군 PX 초상화 가게의 어린 점원과 그 가게의 간판쟁이 아저씨로 한 일 년을 함께 일했다는군요.

보채지 않고 늠름하게, 여러 가지들이 빈틈없이 완전한 조화를 이룬 채 서 있는 나목, 그 옆을 지나는 춥디추운 김장철 여인들, 여인들의 눈앞에 겨울이 있고, 나목에겐 아직 멀지만 봄에의 믿음이 있다.

박완서, 『나목』에서

나무가 가지로 남게 되니 그동안 가려져 있었던 사랑채 앞의 산이 보이고 저 멀리 푸른 하늘도 보입니다. 잎으로 가려지기도 했고 꽃으로 미화되기도 했으며 열매로 대치되기도 했던 나의 본 모습이 이렇게 어처구니없이 다 드러나고 나니 그저 부끄럽기만 합니다. 그러나 아니 그래서 더더욱 "내 모습 이대로 주 받으옵소서"의 기도 찬송이 그 어느 때보다 절실합니다. 이 기도가 메시아 기다림의 기도로 마라나다의 기도로 그리고 대림절의 기도로 올려졌으면 합니다.

겨울 나목

사무엘은 사울 때문에 마음이 상하여 죽는 날까지 다시는 사울을 만나지 않았고, 주께서도 사울을 이스라엘 왕으로 세우신 것을 후회하셨다.

사무엘상 15:35

우리는 두껍게 옷을 껴입어야 하는 데 비해, 겨울나무는 그 화려하고 어여쁜 가을 옷들을 모두 떨구고는 오직 벗은 몸으로 이 추운 겨울을 버티고 서 있습니다. 지금 겨울나무는 비탈이든 평지든 언덕 위든 골짜기든 그 자리가 어디든 아랑곳하지 않고 홀로 나목으로 견디고 있습니다. 그 홀로 서 있음이 거룩합니다. 그 모습이 '하나님 앞에서', 즉 '코람 데오Coram Deo'의 경지로 보이기 때문입니다.

코람 데오라는 말이 오늘까지 기독교의 아포리즘으로 회자되는 까닭은 이것이 루터를 비롯한 츠빙글리와 칼뱅 등 여러 개신교 신학자들에게 그들의 삶을 가능케 했던 기독교적 화두였기 때문입니다. 이들은 모두 당시의 제도나 권력이나 지위나 재물이 아니라, 하나님 앞에서의 경외감, 하나님 앞에서의 진실, 하나님 앞에서의 양심으로 살기 위해 시대의 그릇된 정신에 온몸으로 맞서 버티며 산 사람들입니다. 모자를 쓰고 살아가는 사람은 그 모자를 벗고, 유니폼을 입고 살아가는 사람은 그 유니폼을 벗고, 글러브를 끼고 살아가는 사람은 그 글러브를 벗고, 구두를 신고 살아가는 사람은 그 구두를 벗고, 외투를 입고 살아가는 사람은 그 외투를 벗고, 그리고 벗은 몸으로 하나님 앞에 서라는 것입니다.

옷을 벗어야 온몸이 드러납니다. 그때의 그 몸이 그 사람의 실체이고 본체입니다. 겨울나무들은 우리에게 자기 자신의 본래 모습을 보여주며, 너희들도 이렇게 서야 하지 않겠느냐고 준엄하게 꾸짖고 있습니다. 곧 나목의 모습입니다.

불을 일으키려면

내가 불을 땅에 던지러 왔노니 이 불이 이미 붙었으면 내가 무엇을 원하리요
[…].

누가복음 12:49

겨울이 되니 사랑채 3층에 설치해놓은 난로에 불을 붙이는 일이 자주 생깁니다. 봄이나 여름 또 가을에는 가운데 떡하니 한자리 차지하고 있어 치워둘까 생각도 하다가 미루다 보면 어느새 겨울이 다가옵니다. 모처럼 제철을 맞는 겁니다. 장작에 불을 일으키려면 먼저 불쏘시개가 필요하지요. 손도끼로 잘게 쪼갠 여린 나무 몇 조각을 세모꼴로 세워놓고는 불을 붙입니다. 비교적 쉽게 타오르는 불길에 이제는 제법 큼직한 장작을 하나씩 둘씩 올려놓습니다. 난로가 별로 크지 않기 때문에 한꺼번에 많이 넣을 수는 없습니다.

불이 계속 타오르려면, 탈 나무 말고 옆에 다른 나무가 필요합니다. 장작개비 혼자서는 제대로 자신을 태울 수가 없습니다. 또 다른 나무를 태우면서 자신도 타는 겁니다. 자기 혼자서는 불을 낼 수가 없는 거지요. 그리고 나무와 나무 사이에는 일정한 간격이 필요합니다. 너무 붙어 있어도 안 되고 너무 떨어져 있어도 안 됩니다. 장작들 사이의 적절한 간격을 이루면서 타오르는 난로, 이것이 공동체의 원리라고 생각합니다. 이런 점에서 공동체는 개인주의와 집단주의를 넘어서는 개체와 전체의 균형이라 하겠습니다.

북한 주체사상의 문제점은 집단적 주체만 있을 뿐 개인적 주체가 없다는 것이고, 남한 자유주의의 문제점은 나라 전체를 위해 개인을 내려놓는 희생정신이 약하다는 것입니다. 가정도 교회도 정당도 그리고 나라도 하나의 공동체라면 개체와 전체의 조화가 관건일 것입니다. 이 공동체적 원리를, 적절한 사이를 두고 서로를 태우는 장작불 난로에서 찾아봅니다. 나를 태우면서 너를 태우고 또 너를 태우면서 나를 태우는 원리 말입니다.

촛불을 하나 더 들어야

예수께서 이르시되 나도 너를 정죄하지 아니하노니 가서 다시는 죄를 범하지
말라.

요한복음 8:11

"한 손에는 성경을 다른 한 손에는 신문을 들고 설교를 준비하라"라고 말한 신학자가 있었습니다. 새삼 그 말을 떠올리면서 이제 우리는 촛불을 하나 더 들어야 하리라는 생각이 듭니다. 광장으로 나가든지 안 나가든지 한 손의 촛불이 어두운 세상을 밝히기 위한 것이라면 다른 손의 촛불은 내 안의 어둠을 밝히기 위한 것이어야 할 겁니다. 주위의 어둠은 쉽게 알 수 있지만 내 안의 어둠을 인식하는 것은 결코 쉽지 않습니다. 더군다나 내 안의 어둠을 남 앞에서 밝히 인정하는 것은 더더욱 어려운 일입니다.

간음하다가 끌려 온 여인을 둘러싼 사람들이 있었습니다. 예수님의 말 한마디면 그녀의 생명은 거기에서 끝날 수도 있는 상황이었습니다. "너희들 가운데 죄 없는 이가 먼저 돌로 쳐라!" 이는 여인을 살리기 위한 말씀이었지만 더 중요한 것은 많은 사람들로 하여금 각자 자신의 죄를 돌아보도록 했다는 데 있습니다. 숨어서 남몰래 죄 짓는 사람을 찾아내는 일도 필요하겠지만 더 중요한 것은 내 안에 숨어 있는 남모르는 죄를 밝히는 것입니다.

청와대의 범죄자들은 지금 대부분 감옥에 갇혀 있습니다만 멀쩡하게 대로를 횡보하는 공범자들도 있습니다. 끝내 그들의 잘못도 밝혀내야 되겠지요. 그러나 먼지 한번 툭툭 털고는 아무 일 없었다는 듯이 지금까지 살아온 그대로 또 잘 살아가려는 사람도 있을 겁니다. 그 가운데 내가 있는 것은 아닐는지요:……

나무 구유와 나무 십자가

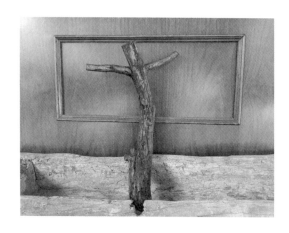

나무는 희망이 있나니 찍힐지라도 다시 움이 나서 연한 가지가 끊이지 아니
하며 […].

욥기 14:7

아기 예수가 태어난 곳은 구유, 곧 가축의 먹이를 담아주는 그릇입니다. 마땅한 여관 어느 빈방 하나 없이 동네를 헤매다가 겨우 찾은 마구간, 그 한쪽에 놓인 여물통이 엄마의 품이 되어 아기를 안아주었습니다. 나무 구유에서 태어난 예수는 그래서인지 나무를 무척 좋아했던 것 같습니다. 아버지 요셉의 직업이 나무를 다루는 목수이니 그 아들 또한 어릴 때부터 나무 냄새를 맡으며 자랐겠지요.

예수님은 이 땅에 임할 '하나님 나라'를 선포하면서 자신을 포도나무로 자칭하였습니다. 하나님을 농부로 그리고 제자들은 가지로 비유하였지요. 땅에 뿌리를 내리면서 머리를 하늘로 향하며 뻗어가는 나무는 하늘과 땅을 잇는 가장 좋은 모형으로 오래전부터 인간과 동일시되어왔습니다. 그런 점에서 본다면 예수님은 참나무면서 참사람인 것이지요.

오래전 우리 마을에 살던 분이 손수 만든 구유를 가져와, 예배실 강단 아래 두었다가 성탄절 장식으로 사용하였습니다. 굵직한 참나무 둥치 그 안을 파내어 만든 것입니다. 거기에 주목으로 만든 십자가를 세워보았습니다. 나무 가운데 유일하게 별명이 붙어 '살아 천년, 죽어 천년'이라 불린 나무가 바로 주목입니다. '붉을 주'의 주목朱木이니 십자가의 보혈 이미지를 드러내기도 하고요.

구유라는 나무에서 태어나 자신을 포도라는 나무라고 말하다가 끝내 십자가라는 나무에서 삶을 마치신 주님을 생각합니다. 그래서인지 성탄절에 여기저기 서 있는 크리스마스트리는 모두 작은 예수를 상징하는 것으로 보이네요.

아기 예수의 이미지

너희는 갓난아기가 포대기에 싸여 구유에 뉘어 있는 것을 볼 터인데 이것이
너희에게 주는 표적이다.

누가복음 2:12

내려서 쌓이기가 무섭게 곧바로 치워지는 눈이 있고,
자동차 바퀴에 치여 시커멓게 되어버리는 비정한 도로의 눈이 있고,
들에 산에 그리고 논과 밭에 내려서 주위에 운치를 더하는 눈이 있습니다.
그리고 이렇게 장독대에 소복소복 쌓여 두터운 정감을 불러오는 눈도 있습
니다.

종교가 절대자, 곧 신神의 이름으로 부의 축적과 권력의 집중을 부추기던 시
대에, 거대한 신상神像의 이미지가 아니라 말구유에 아기로 오신 예수, 이를
보며 '참사람이며 참하나님'으로 고백한 작은 무리들. 아마도 이것이 교회의
원형일 것입니다. 오늘의 교회 이미지와는 많이도 다른⋯⋯.

이새의 줄기에서 나온 어린순 같은 작은 마을 베들레헴에서 태어났으며, 들
에서 양을 치던 목자들에게 겨우 알려졌으나 곧바로 비방의 표징이 되어 위
태로운 목숨을 겨우 부지해야 했던 까닭은, 유대 왕 헤롯과의 대립각을 세워
교만한 자들을 흩으시고 권세 있는 자들을 왕좌에서 끌어내리고 비천한 자
들을 높이며 부자들을 쫓아내어 알거지가 되게 하려 했기 때문이었습니다
(누가 2:51-53).

시간의 종말

여호와여 나의 종말과 연한이 언제까지인지 알게 하사 내가 나의 연약함을
알게 하소서.

시편 39:4

두 종류의 시간관이 있습니다. 하나는 시작도 없이 끝도 없이 돌아가는 순환적 시간관(cyclic time concept)이고, 다른 하나는 시작과 끝을 분명히 하는 직선적 시간관(lineal time concept)입니다. 흔히 전자를 불교적 시간관으로 말하고 후자를 기독교적 시간관으로 말합니다. 순환의 시간이 영혼 불멸과 초월성의 가치를 갖고 있다면, 직선의 시간은 종말과 현실성의 가치를 간직하고 있습니다. 따라서 순환적 시간관으로 살아가는 삶이 있고 직선적 시간관으로 살아가는 삶이 있습니다.

'종말終末'이란 말처럼 중요한 기독교의 신앙 표현은 없습니다. 이데올로기의 종말, 역사의 종말, 노동의 종말, 자본주의의 종말이란 말도 여기에서 비롯되었다고 봅니다. 물론 지나친 종말주의자(말세론자)는 경계해야 하지만 기독교 신앙은 당연히 종말적이어야 합니다. 하루를 끝내고 또는 이렇게 한 해를 끝내면서 우리의 삶도 언젠가는 끝이 있다는 사실을 직시하는 것입니다.

물론 그 끝은 또 다른 시작임을 믿는 것이지요. 끝이 있다는 사실, 언젠가는 끝날 것이라는 자각이 오늘이라는 현실을 바로 살게 해줍니다. 그 어떤 권력도 끝이 있고 그 어떤 욕망이라도 끝이 있지 않습니까?

아무리 기독교적 신앙과 가치를 말한다 하더라도 현실에 대한 종말론적 태도, 즉 끝을 제대로 헤아리지 못하면서 천년만년 누릴 듯이 살아간다면 무늬만 기독교인인 셈입니다.

녹색 이끼

여호와 하나님이 그 사람을 이끌어 에덴동산에 두어 그것을 경작하며 지키
게 하시고 […].

창세기 2:15

영하 20도를 오르내리는 추위에 잎 푸른 나무가 앙상한 가지로 세한歲寒의 바람을 맞으며 서 있습니다. 다 그런가 했는데 저만치 떨어져 있는 살구나무는 아직 푸른빛을 띠고 있었습니다. 다가가서 보니 이끼였습니다. 이끼는 본래 수상식물이었는데 뭍으로 나와 육상식물이 되었다고 하지요. 그래서인지 적절하게 물기를 머금고서 우기와 건기 또 온기와 냉기 등 사시사철을 견뎌내는가 봅니다.

이끼는 홀로 설 수 없는 기생 식물이지만 본 생명체를 함부로 훼손시키지 않습니다. 오히려 바위와 함께 또 나무와 함께 그리고 흙과 함께 살아가며 때로 이들을 보호해주기도 합니다. 더불어 숲을 이루는 것은 나무만이 아닙니다. 숲 안에는 여기저기 이끼들도 자리하고 있는 겁니다. 비가 많이 올 때는 물기를 가득 품고 있다가 가뭄 때는 수분을 적절하게 유지해줍니다. 겨울의 이끼는 바위와 나무를 제 나름으로 보호하는 것 같습니다. 아무도 우러러보지 않는 밑바닥에서 밟히는 삶이지만 오히려 그 바닥을 녹색으로 깔아주는 역할을 하는 겁니다.

코로나 바이러스와 힘겹게 싸워온 지난해를 돌아보며 올해는 이 싸움에서 이길 것이라고 굳게 믿는 신념이 필요하겠지요. 그러나 보다 중요한 것은 이를 통해 지금까지 살아온 삶의 가치와 방향에 대해 깊은 성찰을 하는 것입니다. 우리의 신앙도 때때로 성찰이 필요합니다. 영성적 성찰이 우리를 '생태적 신앙'으로 고백할 수 있도록 이끌어주는 한 해가 되었으면 하는 새해 소망입니다. 겨울의 녹색 이끼는 이런 신앙이 무엇인지를 낮은 자리에서 말해주고 있습니다.

산을 품으며 또 한 해를

내 거룩한 산 모든 곳에서 해 됨도 없고 상함도 없을 것이니 […].

이사야 11:9

"산이라 해서 다 크고 높은 것은 아니다. 다 험하고 가파른 것은 아니다"로 시작되는 신경림 시인의 「낮은 산에 대하여」는 오랜 세월 누렇게 변색된 액자로 내 책상 앞에 걸려 있습니다.

태어난 곳은 바닷가였으나 산이 좋아 산을 바라보며 이렇게 산에서 오랜 세월 살고 있습니다. 산이 좋은 것은 그 높이 때문만은 아닐 것입니다. 사람을 품고 마을을 품고 나라를 품고 세상을 품는 그 너른 가슴 때문이 아닐까 싶습니다. 그래서 산은 사람이고 마을이고 나라이고 또 세상입니다.

가장 오랜 기억의 땅 통영에서도 멀리 바라다보이는 것은 산처럼 보이는 섬이었으며, 서울에 올라와서도 가깝게 또 멀리 보이는 것은 다 산이 아니었나 싶습니다. 남산, 관악산, 북한산, 무악산, 도봉산 등등. 이 산들은 내가 다니면서 열심히 불렀던 학교의 교가에도 빠짐없이 등장했지요. 그 산들이 어린 나를 품어준 덕택에 그래도 이만큼 자랐지요. 그동안 품어준 그 산들을 이제는 내가 품어줄 차례가 아닌가 하는 생각이 듭니다. 철든 생각인가요?

산이라 해서 다 마음에 드는 것은 아닙니다. 이런 산 저런 산, 높은 산 낮은 산, 편한 산 험한 산, 잘난 산 못난 산 등등이 있지요. 이 산 저 산을 품으며 사람을 품는 연습을 하고 싶습니다. 이 산 저 산, 이 사람 저 사람 품다 보면 언젠가 산 같은 사람이 되겠지요. 새해, 나의 작지만 그러나 결코 만만치 않은 소망이며 꿈입니다.

서해에서 동녘 하늘을 담다

만일 우리가 이생에서만 그리스도에게 희망을 두고 있는 사람들이라면, 모든
사람 가운데 우리가 가장 불쌍한 사람들일 것입니다.

고린도후서 15:19

우리는 오늘에 삽니다. 현재만이 사실입니다. 과거는 이미 지나갔으며 미래는 아직 오지 않았기 때문입니다. 그러나 오늘 안에 내일을 담을 수 있다면 그 오늘은 어제와 다를 것입니다. 그렇게 올해 안에 내년을 담고, 이생生에서 저생을 담는다면 그러한 삶은 무언가 다를 것입니다. 내일을 명일明日이라 하고 내년을 명년明年이라 하듯 이 땅에서의 삶도 명생明生이 될 수 있겠지요.

한 해가 가고 또 한 해를 맞는 일이 오늘 하루를 보내고 또 하루를 맞는 것과 별 다를 바 없지만, 그날 하루에 무엇을 담느냐 하는 것으로 그 차이는 크다 할 것입니다.

이렇게 하루의 의미를 한 해의 의미로 또 이생의 의미로 연장시켜볼 수 있겠지요. 따라서 오늘은 내일을 위함이며, 올해는 새해를 위함이며, 이생은 내생을 위함이라고도 말할 수 있는 것입니다. 미래는 아직 오지 않았으나 '다가옴'에 대한 기대의 산실이고 에너지이기 때문입니다.

무지개를 보면서 가슴 뛰던 그 어린 심정으로 떠오르는 새해를 담겠습니다. 산타 할아버지의 선물을 기다리는 그 마음으로 또 한 해를 맞이하겠습니다. 이 세상 어느 누구도 맛보지 못한 '새로운 시간'과 '새로운 공간'의 연못으로 첨벙 뛰어들겠습니다.

한반도의 평화를 위한 기도

모든 사람과의 화평을 추구하십시오. 그리고 거룩함을 추구하십시오. 그것
없이는 아무도 주님을 보지 못할 것입니다.

히브리서 12:14

새해에 하고 싶은 기도는 '평화의 기도'입니다. 작게는 내 마음의 평화에서 시작하여 가족과의 평화, 이웃과의 평화, 그리고 좀 더 나아가서 한반도의 평화입니다. 그동안 이 땅에서 자행되었던 전쟁은 헤아릴 수 없을 정도로 많았습니다. 고구려, 백제, 신라, 가야 시대의 한반도 국내전을 비롯하여 왜란과 호란의 국외전을 거치면서 청일전쟁과 러일전쟁, 그리고 세계 2차 대전도 우리와 무관한 것은 아니었습니다. 6.25 한국전쟁을 치르고 나서 베트남 파병을 끝으로 이 나라의 전쟁 분위기는 일단락된 것으로 보입니다.

그러나 21세기에 들어와 한반도는 다시 전운戰雲의 분위기가 이어지고 있습니다. 물론 북한의 핵무기와 미사일 실험이 그 이유가 된 것은 사실이지만, 북한의 입장에서 보면 독재 정권 유지와 흡수 통일의 불안을 해소시키기 위한 자구책일 수 있습니다. 트럼프 대통령이 "내가 아니었으면 한반도를 비롯한 동남아가 전쟁터가 될 뻔했다"라고 큰소리를 치는 것도 당연하겠습니다. 이 세상 사람들을 둘로 나누어 나는 이렇게 말하고 싶습니다. 곧 전쟁을 일으키는 전범자와 평화를 위하여 일하는 화평자입니다. 우리 모든 그리스도인은 평화의 사도들입니다. 그리스도인이면서 동시에 전범자일 수는 없는 게지요.

새해 벽두에 아내와 함께 동해에 다녀왔습니다. 나라를 사랑하는 마음으로 부르는 그 '동해 물'에 손을 담그고 먼바다를 바라보았습니다. 동해 물은 태평양 물로 이어지는 그야말로 평화로운(Peaceful) 퍼시픽 오션Pacific Ocean입니다. 동해 물이 다 마르려면 태평양 물도 함께 다 말라야 합니다. 한반도의 평화는 저 너른 범태평양의 평화와 그 수위水位를 함께합니다. 핵전쟁은 스스로 핵核이 되고자 하는 이들의 자기 확장 욕망에서 비롯되는 것입니다. "평화는 다름의 공존과 동일시의 폭력에 대한 저항"(뤼스 이리가라이)이란 말이 있습니다. 이런 저항 없이는 평화도 있을 수 없습니다. 이런 마음으로 새해 아침, 성 프란체스코와 함께 다시 그 기도를 드리겠습니다. "오 주여, 나를 평화의 도구로 써주소서!"

새해 덕담

[…] 너는 흙이니 흙으로 돌아갈 것이니라.

창세기 3:19

평소 잘 알고 지내던 오천 화백님이 새해 신축년 황소의 그림과 함께 새해 덕담을 써 보내주셨습니다. 내용은 노자 『도덕경』 15장의 글로 '예언약동섭천 유혜약외사린豫焉若冬涉川 猶兮若畏四鄰', 즉 겨울 살얼음 냇가를 건너듯이, 또 원숭이가 사방을 겁내면서 조심스레 살피듯이 그렇게 한 해를 보내라는 뜻이겠지요. 어쩔 수 없이 작년 한 해를 그렇게 보내야 했고 올 한 해도 그렇게 할 수밖에 없는 처지입니다. 그런데 노자는 이러한 생활 태도를 지도자가 갖추어야 할 마땅한 품성으로 제시한 겁니다. 이는 그동안 많은 이들이 즐겨 써온 '호연지기浩然之氣'와는 아주 다른 입장이라고 봅니다.

살얼음을 걷듯이 사느냐 아니면 대도무문大道無門으로 살 것이냐는 각자의 기질과 이에 따른 선택의 문제이겠지만, 이 시대가 인간에게 던지는 메시지는 '인간들이여 이제 폼 좀 그만 잡고 자신을 그만 부풀리고 남들 그만 누르고 조심스레 땅을 밟으면서 살라'는 것 아니겠습니까? 지킬 생각 없는 공약을 남발하는 정치인, 하나님의 이름으로 자기 욕심을 채우려는 종교인, 거짓 자산을 마구 부풀리는 사업가, 다들 빛 좋은 개살구의 모양으로 보입니다. 이렇게 살다가 어느 날 갑자기 삶을 마감하게 될 때 마지막으로 어떤 느낌을 가지게 될까요? '우물쭈물하다가 내 이럴 줄 알았다!'는 말을 하든지 아니면 '내게도 이런 일이 닥쳐올지 미처 몰랐다!'라고 하게 될까요. 누구에게나 언젠가 다가올 죽음, 그 죽음에 압도되지 않고 이를 온유한 마음으로 수용할 수 있으면 좋겠습니다.

자신을 만물의 척도로 삼아 당당하게 살 수도 있고, 아니면 소박하게 자연의 일부로 간주하며 살 수도 있습니다. 다시 유럽 중세 시대의 신본주의를 표방할 수도 있겠지요. 하지만 올 한 해, 황소의 두 뿔로 하나님을 경외하고(敬天) 어미 소의 가슴으로 이웃을 사랑하고(愛人) 젊은 소의 네 발로 토지를 보듬으며(養土) 살고 싶다는 생각입니다. 이는 오천 화백님의 그림에서 읽은 새해 덕담입니다.

길은 삶이고 사람입니다

예수께서 이르시되 내가 곧 길이요 진리요 생명이니 나로 말미암지 않고는
아버지께로 올 자가 없느니라.

요한복음 14:6

동양 사상에서 가장 핵심이 되는 글자를 꼽으라면 '도道'를 말하겠습니다. 그 한 글자 안에 깊고 넓은 뜻이 다 담겨 있다고 해도 과언이 아닐 것입니다. 유儒, 불佛, 선仙이 모두 나름대로의 도를 가르치고 있기 때문입니다. 우리말의 '길'은 사상이나 철학보다는 문학이나 미학에 더 가깝지 않나 생각됩니다. 우리는 길을 통해서 정신세계의 차원 높은 영역을 말하기보다 삶 그 자체를 그리려 하기 때문입니다.

실제로 길은 삶이고 사람입니다. 한 사람의 삶은 그가 어떤 길을 어떻게 지나왔느냐에 달려 있지요. 산길을 다니다 보면 산악인이 되고, 논두렁길을 다니다 보면 농부가 됩니다. 바른길을 가면 바른 삶이 되고, 굽은 길을 가면 굽은 삶이 됩니다. 아름다운 길을 가면 아름다운 삶이 되고, 엉뚱한 길을 다니면 엉뚱한 삶이 됩니다. 처음으로 길을 내면 선구자가 되고, 그 길을 따르면 추종자가 됩니다. 함께 가면 동반자고, 달리 가면 배신자가 됩니다. 어떤 길은 나그네 길이고, 어떤 길은 뜻을 이루는 길입니다. 어떤 길은 생명의 길이고, 어떤 길은 죽음의 길입니다. 어떤 길은 진리의 길이고, 어떤 길은 거짓의 길입니다.

길이 삶이고 사람이기에 길로써 진리와 생명을 말하는 것은 너무나 당연한 일. 그래서 우리 그리스도인은 예수를 길 삼아 진리와 생명에 이르는 것이지요.

대통령大統領이 대통령大通領이었으면 좋겠습니다

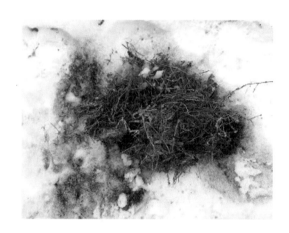

너희가 고집불통 무쇠 같은 목덜미에 청동 같은 얼굴을 하고 있는 것을 나는 알았다.

이사야 48:4

새해를 맞아 가족이 한자리에 모였습니다. 때도 때인 만큼 기분을 돋우려고 거실 한가운데 있는 난로에 장작불을 피우자고 했습니다. 큰 나무를 적당한 크기로 톱으로 썰고 다시 도끼로 쪼개고 불쏘시개까지 만들어 불을 피우기 시작했습니다.

가스토치에 불을 붙이고 장작을 태우는데 왜 그런지 연기가 밖으로 빠져나가지 않고 자꾸 방 안으로 들어오는 겁니다. 바람이 연통 안으로 들이치는가 아니면 기압 탓인가 이런저런 생각을 해봅니다. 겨우 장작을 태우기는 했으나 연기 냄새가 거실과 방까지 가득해 창문을 열고 몇 차례 환기를 시켜야 했습니다. 뜻하지 않게 새해를 연기로 시작한 셈입니다.

다음날 연통을 들여다보았습니다. 무엇인가로 꽉 막혀 있었습니다. 긴 막대기를 가져다 뚫었더니 그 나온 것의 양이 한두 움큼 정도가 아닙니다. 새들이 집 지으려 쌓은 나뭇가지들에 그을음이 더해져 뭉쳐진 것들입니다. 이를 가져다 바닥에 부어놓으니 며칠 전에 내린 하얀 눈을 더럽히는 검은 덩어리입니다. 죄의 덩어리로 보였습니다.

막힘이 죄이고 불통이 죄입니다. 소통이 해결인 것이지요. 그래서 기도는 소통을 위한 읊조림이라 할 수 있습니다. 곧 하나님과의 소통, 이웃과의 소통, 자연과의 소통, 역사와의 소통, 나 자신과의 소통입니다.

불통과 불신의 시대에 우리 그리스도인들이 마땅히 보여주어야 할 영적 덕목, 곧 소통이 아닌가 싶습니다. 소통小通에서 대통大通으로까지 갔으면 좋겠습니다. 대통령大統領도 대통령大通領이었으면 좋겠습니다!

새 땅

뜻이 하늘에서 이루어진 것같이 땅에서도 이루어지이다.

마태복음 6:9

1990년대 초반에《새 땅》이란 월간지를 펴낸 적이 있습니다. 그 당시 밀레니엄 사상이 움트기 시작해서인지, 사회는 사회대로 또 교회는 교회대로 종말론적 신앙이 대두되기 시작했습니다. '휴거' 소동도 있었지요. 종말론적 신앙은 기독교적 역사관에 뿌리를 두고 있는 것으로서 인간의 역사에는 시작과 끝이 있다는 것입니다. 그리고 이 끝은 오메가 포인트로 회복과 완성을 가리킵니다. 이러한 신앙은 우리로 하여금 당연히 '새 하늘과 새 땅'을 바라보도록 하지요. 그런데 새 하늘과 새 땅 가운데 방점을 어디에 두느냐에 따라 그 신앙의 색깔이 달라집니다.

월간지 이름을 새 하늘로 하지 않고 새 땅으로 한 데는 그럴 만한 이유가 있었습니다. 일반적으로 보수 신앙이 하늘을 강조한다면 진보 계열은 땅을 강조하게 마련입니다. 하늘을 강조하는 신앙은 하나님의 신비와 이에 대한 내적 경험, 그리고 내세에 대한 동경을 지향합니다. 땅을 강조하는 신앙은 이 땅에서의 사회적이며 역사적인 책임을 다하도록 요청합니다. '땅 없는 하늘'이 비윤리적 신비주의로 흐를 수 있다면 '하늘 없는 땅'은 신앙을 일종의 정치적 신념이나 사회적 실천 덕목으로 간주할 위험이 있습니다. 당시 나는 한국 교회 안에서 독실한 신심을 지켜가는 교인들이 땅보다는 하늘의 신앙으로 만족하는 데 비교적 익숙해져 있다고 상황을 진단하였습니다. 그래서 지은 이름이 '새 땅'이었습니다.

그때와 지금을 비교해봅니다. 달라진 것이 있는지 말입니다. 코로나 시대를 보내면서 신천지와 인터콥을 이끌어가는 이, 그리고 여기에 동조하는 신도들이 왜 사회적 물의를 일으키게 되었는지 생각해봅니다. 이들은 모두 자신을 제외한 사람들과 이 땅이 심판의 대상이 되어 곧 멸망한다고 믿고 있습니다. 새 하늘의 체험이 있다면, 그 체험을 통해 새 땅이 되도록 하는 데 기여했으면 좋겠습니다. 누군가 말했듯이 내일 지구의 멸망이 오더라도 오늘 한 그루의 사과나무를 심는 심정으로 말입니다.

마음 한가운데

네 마음이 하나님의 마음 같은 체하였으니 […].

에스겔 28:6

언젠가 신학교에서 영성신학을 가르치는 이에게 당신은 교수의 신분을 벗어나 영성가靈性家가 되면 좋겠다는 말을 한 적이 있습니다. 그러면서 진정한 영성가는 어떤 사람인가를 생각하게 되었습니다. 무심코 뱉은 말이지만 그 안에 무엇인가 알맹이가 있지 않을까 다시 생각해봅니다. 이 세상은 중심을 차지하려고 싸우는 전쟁터와도 같습니다. 『삼국지』에서 알 수 있듯이 중국의 역사는 중원을 차지하는 이들에 의해 이루어졌고, 일본 씨름 스모를 통해서도 나타나듯이 주변으로 밀려 나가면 죽는 것이 일본의 역사입니다. 중앙이라는 말은 우리도 좋아하는 말이고 서양인들도 센터라는 말을 무척 즐기지요.

땅에도 중심이 있고 물건에도 중심이 있고 사람에도 중심이 있게 마련입니다. 그 중심을 누가 차지하느냐, 그 중심을 무엇으로 채우느냐가 관건입니다. 가락재의 언덕 저편으로 웅장하게 버티고 선 하얀 대리석 건물이 있습니다. 로마의 바티칸 성당이나 워싱턴 D.C.의 국회 의사당을 닮은, 통일교에서 세운 천정궁天井宮인데요, 한반도를 열십자로 그어 그 한가운데에 해당되는 곳에 세웠다고 합니다. 우스운 얘기지만 그야말로 대한민국의 중심을 차지하고 있는 셈입니다. 그들에게는 대한민국이 세계의 중심이니까 그곳이 바로 세계의 중심이란 것이겠지요. 중심에 대한 관심과 욕심은 정치, 경제, 종교, 교육, 문화를 가리지 않습니다. 그런데 그런 중심을 어쩌자고 비웠거나 또 비워가는 사람이 있습니다. 이를 영성가라고 하는 것이지요. 그들이 그곳을 비우는 까닭은 거기가 바로 하나님의 자리이기 때문입니다.

마음을 비우는 것에서 더 나아가 마음 한가운데를 비워야 합니다. 중심을 비워야 한다는 말입니다. 오늘 아침 골짜기 샘터에서 떨어지는 작은 물줄기가 만들어내는 겨울 얼음 작품에서 얻은 깨달음입니다.

믿음으로 일하는 자유인

[…] 너희 속에 소금을 두고 서로 화목하라 […].

마가복음 9:50

모교인 신일 고등학교 연말 총회에 참석했습니다. 이번 모임에는 '믿음으로 일하는 자유인 상'을 2회 졸업생인 구요비 주교가 받게 되었습니다. 마침 나는 기도 순서를 맡게 되어서 주교와 옆 좌석에 나란히 앉아 이야기를 주고받았습니다. 원래는 1회로 입학했는데 가정 형편이 어려워서 졸업이 한 해 늦어졌다고 합니다. 그러니까 나하고는 입학 동기인 셈입니다. 그런데 알고 보니 그가 가락재 영성원이 자리 잡고 있는 설악면 위곡리 출신이었습니다. 위곡리가 고향인 그의 아버지가 일본 상지대에서 공부하고 해방 후 귀향하여 가평군 설악면에 중학교를 설립했다는 것입니다. 그가 다닌 위곡 초등학교, 설악 중학교는 우리 세 아이들이 다닌 학교이기도 합니다.

'믿음으로 일하는 자유인'이란 말은 신일 중고등학교 출신이면 누구나 자랑스럽게 생각하는 교훈입니다. 구요비 주교는 수상 소감을 말하면서 개신교 신학자인 폴 틸리히가 정의한 대로 '믿음은 받아들이는 것'임을 강조하며, 그가 어린 시절부터 가톨릭 교인임에도 개신교 학교가 자신을 받아들였음을 기억했습니다. 교장이셨던 장윤철 선생님이 마침 상지대 동문이셨던 자기 아버지를 학교에 오시도록 하여 남루한 옷차림의 농부였음에도 아버지뿐 아니라 자신까지 교장실에서 환대해준 일을 기억했습니다. 또한 교련 시간 총기 분해와 조합에 서투른 자신을 같은 반 친구들이 대신 막아준 일도 기억했습니다. 그러면서 자신을 받아들여준 사건들을 감사로 받아들였습니다. 이 모든 것이 하나님의 은총이라고 고백했습니다.

상대적 존재인 인간이 절대적 타자인 하나님으로부터 받아들여질 수 있었다면, 우리도 우리 주위의 타자들을 받아들이는 것이 마땅할 것입니다. 다른 생각, 다른 가치, 다른 신념, 심지어 다른 신앙이라 하더라도 말입니다. 이것이 진정한 에큐메니즘이겠지요. 이 세계는 모두가 함께하면서 살아가야 하는 세상이니까요. 화해와 일치와 공존의 정신이야말로 십자가의 참뜻일 겁니다. 여기에 믿음으로 일하는 자유인의 모습이 있습니다.

외손녀와의 하루

내가 당신들에게 진실을 말합니다. 당신들이 돌이켜 어린아이들처럼 되지 않
으면, 절대로 하늘왕국에 들어가지 못할 것입니다.

마태복음 18:3

내게는 할아버지에 대한 추억이 없습니다. 친가와 외가의 할아버지 두 분 다 일찍 돌아가셨기 때문이지요. 어린 시절 할아버지와 놀았던 기억은 당연히 없습니다. 조카들과 자녀들에게는 할아버지가 있어 함께 노는 모습을 보며 은근히 부러워하기도 했습니다. 이제 그런 나를 할아버지(실은 '하부지'라고 부르지요)라고 부르며 온종일이라도 함께 놀아주기를 바라는 세 살 난 외손녀가 바로 옆에 있습니다.

묵자墨子의 글에 "무감어수 감어인無鑑於水 鑑於人"이라는 말이 나옵니다. '물에 비추어보지 말고 사람에게서 자기 모습을 비추어보라'는 뜻입니다. 거울에 비치는 겉모습보다 사람의 마음에 비치는 내면의 모습을 귀하게 여기라는 말이겠지요. 예로부터 우리 조상들은 성인을 그런 대상으로 삼아왔다고 봅니다. 우리 기독교인들은 예수 그리스도를 그런 분으로 생각해왔지요. 그런데 아이와 하루 종일 지내다 보면 그럴 만한 여유가 없습니다. 목마타기, 비행기 타기, 미끄럼타기, 숨바꼭질, 줄다리기 등의 놀이가 되려면 말입니다. 때로 미끄럼틀이 되고, 때로 말이 되고, 때로 비행기도 되어야 하기 때문이지요.

사람을 통해 자기 모습을 비추어보는 일이 그리 대단한 일이 아닐 수 있습니다. 조용한 시간이나 깊은 성찰의 자리에서만 가능한 것도 아닙니다. 어린아이와 하루 종일을 보내면서도 할 수 있지요. 꼭 큰 바위 같은 인물을 떠올리지 않아도 됩니다. 그저 지금 내 옆에, 또는 내 앞에 있는 사람의 눈에 내가 어떻게 비치는가를 잠시라도 생각하면 되는 겁니다. 어린 손녀와 하루를 보내며 나는 이 어린 눈에 또 이 어린 마음에 어떤 '하부지'로 비칠까를 생각해봅니다. 오래도록 남을 할아버지 이미지에 대한 원형(archetype)이 될 수도 있겠지요.

세상을 아름답게 하는 사람

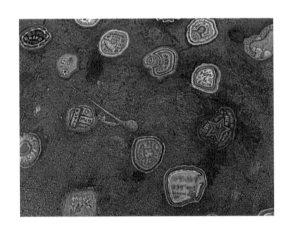

그러므로 나는 사람이 자기 일에 즐거워하는 것보다 더 나은 것이 없음을 보 았나니 […].

전도서 3:22

추잉 껌 예술가가 있습니다. 영국 런던 북부 출신의 벤 윌슨Ben Wilson이란 화가인데, 1998년부터 길바닥에 달라붙은 껌을 캔버스 삼아 거기에 그림을 그려왔다는 겁니다. 2004년부터는 본격적으로 영국과 유럽을 다니며 1만 점에 이르는 그림을 그렸다는군요. 우리나라에도 김형철이란 젊은 화가가 땅바닥에 엎드려 비슷한 작업을 한다고 합니다.

코이노니아의 집 옥상에 달라붙은 껌을 흙손으로 떼다 보면 누가 이렇게 버렸나 화가 나기도 하고, 길바닥 여기저기에 달라붙은 껌을 보며 짜증스러운 눈길을 보내기도 했지요. 그런 껌 딱지에 형태를 만들고 색깔을 입히니 이렇게 아름다운 작품이 되네요. 이런 것이 진정 예술가의 마음이 아닐까 싶습니다.

버리는 사람 따로 있고 쓰는 사람 따로 있느냐며 야단도 맞고 때로 야단치기도 했었는데, 이 세상에는 함부로 아무 데나 버리는 사람이 있고 그 지저분한 것들을 치우느라 애쓰는 사람이 있습니다. 그리고 그런 쓰레기들을 재료 삼아 예술로 승화시키는 사람도 있습니다.

세상을 아는 사람이 있고 세상을 변화시키는 사람이 있습니다. 그리고 세상을 아름답게 하는 사람이 있습니다.

겨울나무는 뿌리로 삽니다

그러므로 여러분은 그리스도 예수 곧 주님을 영접하셨으니 그분 안에서 뿌리를 내리고 그 위에 인격의 집을 세우며 믿음이 튼튼해지고 감사하는 마음이 풍부해지십시오.

골로새서 2:6-7

사람의 닮은꼴을 자연물에서 찾는다고 할 때 먼저 나무가 떠오릅니다. 직립의 형태나 머리를 하늘로 향하는 모습이 그렇습니다. 두 팔을 옆으로 뻗은 것도 그렇지요. 그래서인지 인생살이도 나무로 비유되곤 했지요. '꽃다운 청춘'이라든지 '낙엽 따라 가버린 사랑'이라든지 '열매 맺는 삶'이라는 말이 그렇습니다. 한자 문화권에서는 나무 가운데 무엇보다 뿌리에 큰 의미를 두었습니다. 나무의 뿌리를 뜻하는 상형문자가 '本'이지요. 나무 '木' 변에 뿌리를 가리키는 '一'을 합해서 만든 글자입니다. 여기에서 기본基本이나 근본根本, 본질本質이나 본성本性, 또는 본체本體라는 낱말이 파생되었습니다.

'본'의 의미는 생활이나 학문의 영역을 넘어서 신앙의 세계로까지 넓혀집니다. 우리가 고백하는 신앙의 핵심이 다름 아닌 삼위일체 하나님을 말하는 것이고, 이는 예수 그리스도를 하나님과 동등한 분으로 고백하는 것인데, 이를 뒷받침하는 근거로서 빌립보서 2장 6절에 있는 말씀, 즉 "그분은 근본 하나님과 본체"라는 구절을 들 수 있습니다. 즉 예수 그리스도는 하나님과 뿌리로서 같다는 말이 되겠지요. 이렇게 나무의 뿌리는 우리 삶과 신앙에 깊이 연관되어 있습니다. 나무를 뿌리로 보게 되는 계절이 바로 겨울입니다. 우리 삶에도 겨울이 필요한 까닭은 이 계절에 더욱 생명生命의 근본과 본질을 생각하게 되기 때문이지요.

봄의 나무는 꽃으로 살고
여름 나무는 무성한 잎으로 삽니다.
가을 나무는 열매로 살고
겨울나무는 그 뿌리로 살아갑니다.

생의 명

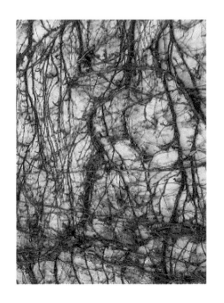

하나님이 이르시되 빛이 있으라 하시니 빛이 있었고 […].

창세기 1:3

내가 봄을 기다리는 것은
추운 겨울 때문만은 아닙니다
따스한 햇살 때문만은 아니고요

내가 봄을 기다리는 것은
추운 겨울 때문만은 아닙니다
곧 눈뜰 새 움 때문만은 아니고요

내가 봄을 기다리는 것은
추운 겨울 때문만은 아닙니다
얼음장 밑으로 흐르는 물소리 때문만은 아니고요

내가 봄을 기다리는 것은
추운 겨울 때문만은 아닙니다
남촌에서 불어오는 바람 때문만은 아니고요

내가 봄을 기다리는 것은
다시 살아나라는
생生의 명命
때문입니다
천天의 명命
때문입니다